高等职业教育物流管理专业系列教材

物流设备与技术应用实务

主　编　何晓光　张玲雅
副主编　顾明国　孙红冉
　　　　潘艳君　李　强

扫码申请更多资源

南京大学出版社

内容简介

本教材共10个项目，23个任务，在内容选取方面，立足学生的知识背景和能力水平，考虑学生身心发展和认知规律，以形成职业能力为基本目标，以物流流程为主线，以设备操作为载体，采用项目化模式编排教学内容。内容设计方面做到讲够理论，注重实践，形成理实一体的教材。

图书在版编目(CIP)数据

物流设备与技术应用实务/何晓光,张玲雅主编.
—南京：南京大学出版社,2021.1
 ISBN 978-7-305-23167-4

Ⅰ.①物… Ⅱ.①何… ②张… Ⅲ.①物流－设备－高等职业教育－教材 ②物流技术－高等职业教育－教材
Ⅳ.①F253.9

中国版本图书馆CIP数据核字(2020)第059007号

出版发行	南京大学出版社
社　　址	南京市汉口路22号　　邮编 210093
出 版 人	金鑫荣
书　　名	物流设备与技术应用实务
主　　编	何晓光　张玲雅
责任编辑	武　坦　　　　　编辑热线　025-83592315
照　　排	南京开卷文化传媒有限公司
印　　刷	南京玉河印刷厂
开　　本	787×1092　1/16　印张 11　字数 241千
版　　次	2021年1月第1版　2021年1月第1次印刷
ISBN 978-7-305-23167-4	
定　　价	36.00元

网　　址：http://www.njupco.com
官方微博：http://weibo.com/njupco
微信服务号：njuyuexue
销售咨询热线：(025)83594756

＊版权所有，侵权必究
＊凡购买南大版图书，如有印装质量问题，请与所购
　图书销售部门联系调换

前　言

随着社会经济的发展,现代物流已经成为企业降低成本,提高经济效益的重要途径,面临着前所未有的发展机遇。在此背景下,为适应物流相关专业学生学习的需要,本教材以高职院校物流相关专业课程教学的基本要素为依据,以培养物流技术技能型人才为目标,结合企业以及学校物流实训中心现状,对物流的相关设备与技术进行了系统的梳理和编写。

本教材的编写思路是:立足学生的知识背景和能力水平,考虑学生身心发展和认知规律,以形成职业能力为基本目标,以物流流程为主线,以设备操作为载体,采用项目化模式,以学生为主体分任务进行。针对课程的特点,在物流中心设备操作与管理相应工作岗位要求分析的基础上,按项目任务的形式认真组织编写内容,做到讲足理论、注重实践,形成理实一体的教材。

本教材主要有以下特点:

(1) 结构组织形式新颖。改变以往教材章节式理论体系,采用项目任务式进行,包括任务目标、任务描述、任务准备、任务实施、应用训练、拓展提升、基础练习等环节,做到理论与实践并重,有利于发挥高职学生的特点,提升对知识技能的掌握效果。

(2) 内容设计合理。设计的项目内容基本涵盖目前物流中心、配送中心等物流业务节点的设备使用,把企业最迫切需要员工掌握的物流设备技术融入教材,设计的内容更具有针对性。

(3) 呈现方式科学。融合视频、图片等多种形式呈现,同时将教材内容通过在线开放课程进行网络呈现,方便学生在线学习。

本教材可作为物流管理专业必修课的专业课程教学,也可作为相关作业辅修教材和参考用书。本课程的教学目的是使学生在具体的任务中学会对基本物流设备的使用,培养其动手能力,实现教、学、做并进,进而认识更多的物流设备与技术。

　　本教材主要由何晓光、张玲雅、顾明国、孙红冉、潘艳君、李强等几位老师参与编写。在编写过程中,参阅了大量同行专家的有关资料,在此特向有关作者表示衷心的感谢。同时,我们也得到了校企合作单位的大力支持和帮助,在此一并表示感谢。

　　由于编写时间仓促,编者水平有限,项目任务化的探索刚刚开始,书中难免存在不妥之处,敬请各位专家、读者批评指正!

编　者
2020 年 12 月

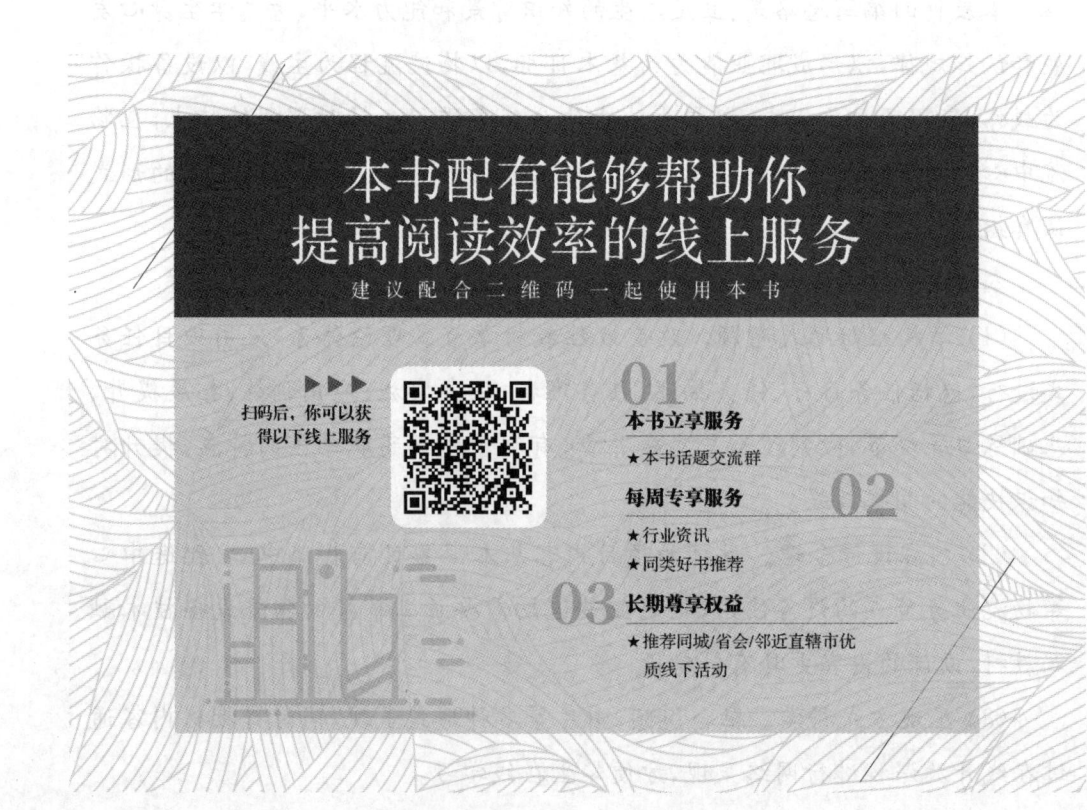

本书配有能够帮助你提高阅读效率的线上服务

建议配合二维码一起使用本书

扫码后,你可以获得以下线上服务

01 本书立享服务
★ 本书话题交流群

02 每周专享服务
★ 行业资讯
★ 同类好书推荐

03 长期尊享权益
★ 推荐同城/省会/邻近直辖市优质线下活动

目 录

项目一　认识物流设备 ·· 3
　　任务一　初探物流设备 ·· 3
　　任务二　识别常用物流设备 ··· 8

项目二　使用与维护集装设备 ·· 16
　　任务一　认知托盘 ··· 16
　　任务二　认识集装箱 ··· 21
　　任务三　使用和维护托盘 ·· 27

项目三　使用与维护流通加工设备 ·· 33
　　任务一　操作打包设备 ·· 33
　　任务二　维护常用包装设备 ·· 40

项目四　使用与维护仓储货架 ·· 47
　　任务一　使用仓储货架 ·· 47
　　任务二　维护与保养货架 ·· 54

项目五　驾驶与维护内燃叉车 ·· 58
　　任务一　驾驶内燃叉车 ·· 58
　　任务二　维护内燃叉车 ·· 66

项目六　驾驶与维护电动叉车 ·· 72
　　任务一　认识电动叉车 ·· 72
　　任务二　驾驶与维护电动叉车 ··· 78

· 1 ·

项目七 操作与维护堆高车 ································· 87
    任务一 操作堆高车 ··· 87
    任务二 维护堆高车 ··· 93

项目八 操作与维护手动液压搬运车 ···················· 97
    任务一 操作手动液压搬运车 ······························· 97
    任务二 维护手动液压搬运车 ····························· 102

项目九 操作与维护输送设备 ······························ 106
    任务一 操作输送设备 ······································ 106
    任务二 维护输送设备 ······································ 113

项目十 认识与管理运输设备 ······························ 118
    任务一 认识与管理公路运输设备 ························ 118
    任务二 认识与管理铁路运输设备 ························ 130
    任务三 认识与管理水路运输设备 ························ 139
    任务四 认识与管理航空、管道运输设备 ··············· 154

参考文献 ·· 169

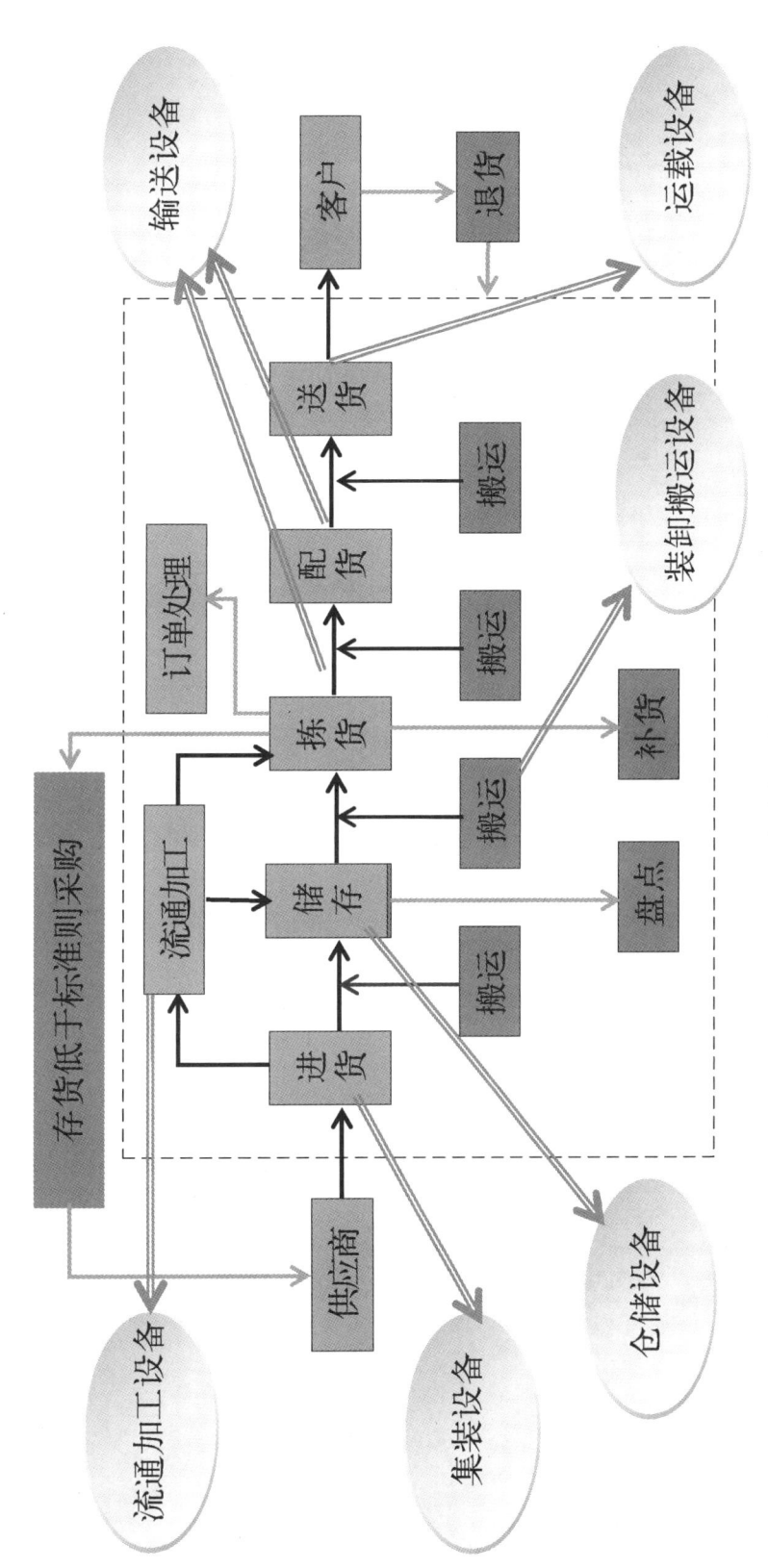

图　物流中心流程

项目一

认识物流设备

物流设备是现代化企业的主要作业工具之一,是合理组织批量生产和机械化流水作业的基础。对第三方物流企业来说,物流设备是组织物流活动的物质技术基础,体现企业物流能力的大小。同时伴随着物流的发展与进步,物流设备不断得到提升与发展。

通过本项目的学习与训练,能够对物流设备有一个整体上的认识,能够识别常见的物流设备,了解其功能作用。

任务一 初探物流设备

任务目标

知识目标:
1. 掌握物流设备的概念、现状及发展趋势;
2. 领会物流设备在物流中的地位、作用及其特点。

能力目标:
能对物流设备有一个整体上的清晰认识。

任务实施

步骤一:掌握物流设施设备的概况

物流设施与设备是进行各项物流活动和物流作业所需要的设施与设备的总称,它是由物流基本设施和物流设备两大部分构成的。

物流基本设施包括公路、铁路、航空、港口、机场、货运站场及通信设施等,其建设水平和吞吐(通过)能力直接影响物流活动和物流作业的运行效率。

物流设备是指用于储存、装卸搬运、运输、包装、流通加工、配送、信息采集与处理等物流活动的设备或装备。物流设备按功能可划分为储存设备、装卸搬运设备、运输装备、包装设备、流通加工设备、信息采集与处理设备、集装单元化装备等。

步骤二：领会物流设备的特点

物流设备是物流技术水平高低的主要标志，现代物流设备体现了现代物流技术的发展。我国近年来的物流设备现代化、自动化程度较高，其特点如表1-1所示。

表1-1 物流设备的特点

序号	特点
1	设备的社会化程度越来越高，设备结构越来越复杂，且从研究、设计到生产直至报废的各环节之间相互依赖，相互制约
2	设备出现了"四化"趋势，即连续化、大型化、高速化、电子化，提高了生产率
3	能源密集型的设备居多，能源消耗大；现代设备投资和使用费用都十分昂贵，属于资金密集型

步骤三：理解物流设备在物流系统中的地位和作用

物流设备是现代化企业的主要作业工具之一，是合理组织批量生产和机械化流水作业的基础。对第三方物流企业来说，物流设备又是组织物流活动的物质技术基础，体现企业物流能力的大小。物流设备在物流系统中的具体地位和作用如表1-2所示。

表1-2 物流设备的地位和作用

序号	特点
1	物流机械设施与设备是物流系统的物质技术基础，是实现物流现代化、科学化、自动化的重要手段
2	物流机械设施与设备是物流系统的重要资产。随着物流设备技术含量和技术水平的日益提高，现代物流技术装备既是技术密集型的生产工具，也是资金密集型的社会财富
3	物流机械设施与设备涉及物流活动的各个环节。从物流功能看，物料或商品要经过包装、运输、装卸、储存等作业环节，并且还有许多辅助作业环节，而各个环节的实现，都离不开相应的机械设备
4	物流机械设施与设备是物流技术水平的主要标志。在现代化的物流系统中，自动化仓库综合运用了自动控制技术、计算机技术、现代通信技术(包括计算机网络和无限射频技术)等高科技技术，使仓储作业实现了半自动化、自动化

步骤四：了解我国物流设备的现状及发展

自20世纪70年代末以来，我国物流设备有了较快的发展，各种物流运输设备的数量迅速增长,技术性能日趋现代化,集装箱运输得到了快速发展等。随着计算机网络技术在物流活动中的应用,先进的物流设备系统不断涌现,我国已具备开发研制大型装卸设备和自动化物流系统的能力。总体而言,我国物流设备的现状及发展趋势如表1-3所示。

表1-3 物流设备的现状及发展趋势

项　目	具体内容
我国物流设备发展现状	物流设备总体数量迅速增加,如运输设备、仓储设备、配送设备、包装设备、搬运装卸设备(如叉车、起重机等)、物流信息设备等
	物流设备的自动化水平和信息化程度得到了一定的提高
	物流设备在物流的各个环节都得到了一定的应用,如生产企业的生产、仓储,流通过程的运输、配送,物流中心的包装加工、搬运装卸等环节
	专业化的新型物流设备和新技术物流设备不断涌现
	物流基础设施建设多元化投入太少
	我国尚处于物流设备发展的起步阶段,既缺少行业标准,又没有行业组织,致使物流设备标准不统一,相互衔接配套差
我国物流设备发展趋势	大型化——指设备的容量、规模、能力越来越大
	高速化——指设备的运转速度、运行速度、识别速度、运算速度大大加快
	信息化——信息和信息技术在物流领域的作用会更加明显,条码技术、数据库技术、电子订货系统、电子数据交换、快速反应、有效客户反应、企业资源计划等将得到广泛应用
	多样化——为满足客户的要求,物流装备形式越来越多,专业化程度日益提高
	标准化——标准化既包括硬件设备的标准化,也包括软件接口的标准化
	系统化——指组成物流系统的设备成套、匹配,达到高效、经济要求。成套化和系统化是物流设备的重要发展方向,尤其将重点发展工厂生产搬运自动化系统、货物配送集散系统、集装箱装卸搬运系统、货物的自动分拣系统与搬运系统等
	智能化——物流自动化、信息化的更高层次,物流作业过程中大量的运筹和决策,如库存水平的确定、运输(搬运)路径的选择、自动导向车的运行轨迹和作业控制、自动分拣机的运行、物流配送中心经营管理的决策支持等问题都需要借助大量的知识才能解决。智能化已成为物流技术与装备发展的新趋势
	实用化——以满足需要为原则,不一定非要追求自动化成本低,具有优越的耐久性、无故障性和良好的经济效益,以及较高的安全性、可靠性和环保性的物流设备,应是一种发展趋势
	绿色化——达到环保要求

应用训练

在教师的组织指导下,讨论本地区物流企业的物流设备情况,然后予以考核。

拓展提升

一、物流设备寿命周期

物流设备寿命周期指设备从最初调查研究开始到更新报废为止的整个过程时间（见图1-1）。

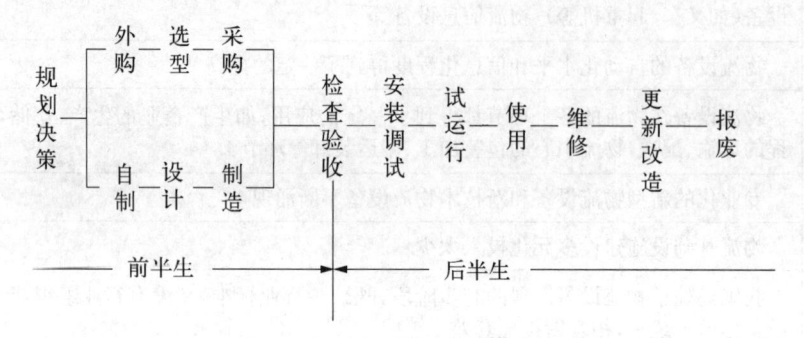

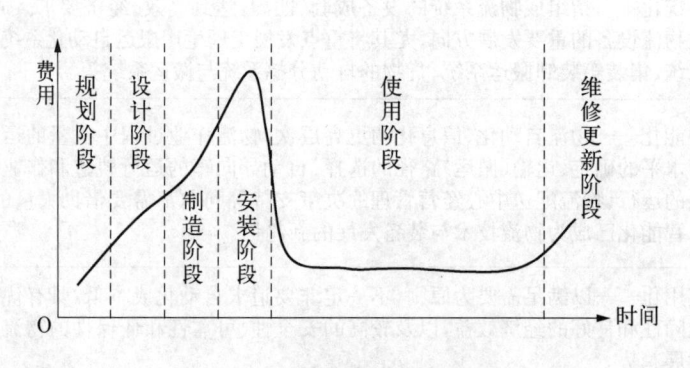

图1-1 物流设备寿命周期

二、物流设备寿命周期费用

物流设备寿命周期费用(LLC)指设备一生的总费用，包括购置费和维持费两部分（见图1-2）。购置费包括调研、设计、制造、安装（自制）、购置、运输、安装调试（外购）等费用。维持费包括运行费用和维修费用。

$$LLC=购置费+维持费+拆除费-残值$$

图1-2 物流设备寿命周期费用

三、物流设备的正确使用

物流的高速发展使先进的物流设备得到了应用，其正确使用的注意事项如表1-4所示。

表 1-4 物流设备的使用

注意事项	具体内容
物流设备正确使用的衡量指标	高效率——保证物流机械设备的作业能力得到充分发挥
	经济性——设备在完成一定工作量作业时所需的运行成本最低
	故障率——保证设备经常处于完好的技术状态,延长使用寿命
保证物流设备正确使用的措施	严格按规程操作设备,建立使用方法、注意事项、应急行动及报告制度等
	实行设备使用的各级经济责任制
	严格使用程序管理,定机定人,培训持证上岗
	实行设备维护奖励制度
物流设备正确使用的注意事项	健全组织保障体系,做好设备安装工作
	合理安排设备的工作量负荷
	加强操作人员的规范管理,做到正确使用设备
	完善设备使用的技术保障工作

任务二
识别常用物流设备

任务目标

知识目标：
了解常见的物流设备。

能力目标：
能够识别常见的物流设备。

任务实施

步骤一：识别常见仓储设备

仓储设备是仓库进行生产和辅助生产作业以及保证仓库及作业安全所必需的各种机械设备的总称，是仓库进行保管维护、搬运装卸、计量检验、安全消防和输电用电等各项作业的劳动手段。仓储设备包括货架(见图1-3)、托盘(见图1-4)、集装箱(见图1-5)和周转箱(见图1-6)等。

图1-3 货架　　　　　　　　　　图1-4 托盘

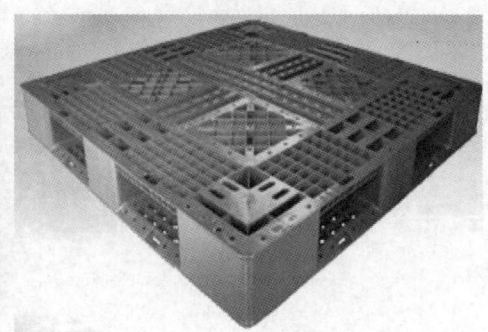

图 1-5 集装箱　　　　　　　　　图 1-6 周转箱

步骤二：识别常见装卸搬运设备

装卸搬运车辆是依靠本身的运行和装卸机构的功能，实现货物的水平搬运和短距离运输、装卸的车辆。装卸搬运车辆机动性好，适应性强，使用方便、灵活，广泛应用于各种各样需装卸搬运货物的场所。装卸搬运车辆一般包括自动导引搬运车（AGV）、电动搬运车、牵引车、手推车、起重设备（见图 1-7、图 1-8）、手动液压搬运车（见图 1-9）、移动式带式输送机（见图 1-10）、堆高车（见图 1-11）、叉车（见图 1-12）等。

图 1-7 轻小型起重设备　　　　　图 1-8 门式起重机

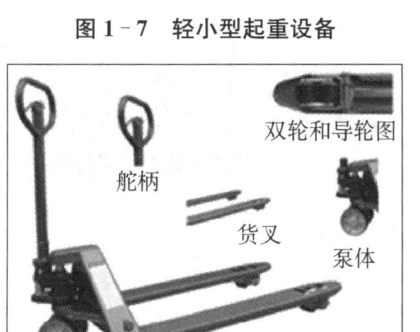

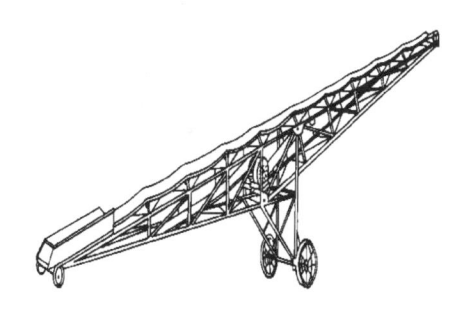

图 1-9 手动液压搬运车　　　　　图 1-10 移动式带式输送机

图 1-11 堆高车　　　　　　图 1-12 叉车

步骤三：识别常见流通加工设备

流通加工设备是完成流通加工任务的专用设备,按加工对象分,一般可分为金属加工机械、搅拌混合机械、木材加工机械、其他流通加工设备等。

1. 打包机

打包机又称捆包机或捆扎机(见图 1-13～图 1-15),是使用捆扎带缠绕产品或包装件,然后收紧并将两端通过热效应熔融或使用包扣等材料连接的机器。打包机的功用是使塑料带能紧贴于被捆扎包件表面,保证包件在运输、贮存中不因捆扎不牢而散落,同时还应捆扎整齐美观。

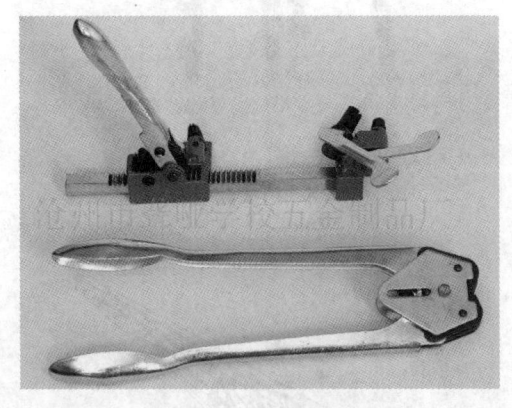

图 1-13 手动打包机　　　　　　图 1-14 半自动打包机

图 1-15　全自动打包机　　　　　图 1-16　切割机

2. 切割机

切割机(见图 1-16)分为火焰切割机、等离子切割机、激光切割机、水切割等。激光切割机的效率最快,切割精度最高,切割厚度一般较小。等离子切割机的切割速度也很快,切割面有一定的斜度。火焰切割机针对于厚度较大的碳钢材质。

应用训练

在教师的组织指导下,识别物流实训室的物流设备,然后予以考核。

拓展提升

选择物流设备的原则

选择物流设备,原则是技术上先进、经济上合理、生产作业上安全适用、无污染或污染小。

一、适用性原则

这是针对物流设备是否具有运送货物的能力而言,包括适应性和实用性。物流企业在选择运输设备时,要充分考虑到物流作业的实际需要,所选设备要符合货物的特性和货运量的大小,能够在不同的作业条件下灵活方便地进行操作。实用性就涉及恰当选择设备功能的问题。物流设备并不是功能越多越好,因为在实际作业中,并不需要太多的功能,如果设备不能被充分利用,则造成资源和资金的浪费。同样,功能太少也会导致物流企业工作的低效率。

二、先进性原则

设备技术的先进性,主要体现在自动化程度、环境保护、操作条件等方面。但是先进性必须服务于适用性,尤其是要有实用性,以取得经济效益的最大化。

三、最小成本原则

设备的使用费用低,整个寿命周期的成本就低。有时候,先进性和低成本会发生冲突,这就需要物流企业在充分考虑适用性的基础上进行权衡,做出合理选择。

四、可靠和安全原则

可靠和安全原则日益成为选择设备、衡量设备好坏的主要因素。可靠性是指设备按要求完成规定功能的能力,是设备功能在时间上的稳定性和保持性。但是可靠性不是越高越好,必须考虑到成本问题。安全性要求设备在使用过程中保证人身及货物的安全,并且尽可能地不危害环境,符合环保要求,噪声少,污染小。

基础练习

一、判断题

1. 物流设备是现代化企业的主要作业工具之一,是合理组织批量生产和机械化流水作业的基础。（　　）

2. 物流设施与设备就是指进行各项物流活动和物流作业所需要的设施与设备的总称。（　　）

3. 物流基础设施建设多元化投入太多,相对分散。（　　）

4. 物流设备的高速化指的是为满足客户的要求,物流装备的形式越来越多,专业化程度日益提高。（　　）

5. 物流设备是指用于储存、装卸搬运、运输、包装、流通加工、配送、信息采集与处理等物流活动的设备或装备。（　　）

6. 物流设备的社会化程度越来越高,设备结构越来越简化,且从研究、设计到生产直至报废的各环节之间相互依赖,相互制约。（　　）

7. 物流机械设施与设备是物流系统的物质技术基础,是实现物流现代化、科学化、自动化的重要手段。（　　）

8. 物流设备标准化是指物流硬件设备的标准化、统一化。（　　）

9. 物流设备寿命周期指设备从最初调查研究开始到更新报废为止的整个过程时间。（　　）

10. 装卸搬运车辆机动性好,适应性强,使用方便、灵活,广泛应用于各种各样需装卸搬运货物的场所。（　　）

11. 打包机又称捆包机或捆扎机,是使用捆扎带缠绕产品或包装件,然后收紧并将两端通过热效应熔融或使用包扣等材料连接的机器。（　　）

12. 等离子切割机的效率最快,切割精度最高,切割厚度一般较小。（　　）

13. 物流设备先进性必须服务于适用性,尤其是要有实用性,以取得经济效益的最大化。（　　）

14. 物流设备的可靠性是指设备按要求完成规定功能的能力,是设备功能在空间上的稳定性和保持性。　　　　　　　　　　　　　　　　　　　　　　　(　　)

15. 安全性要求设备在使用过程中保证人身及货物的安全,并且尽可能地不危害环境,符合环保要求,噪声少,污染小。　　　　　　　　　　　　　　　　　(　　)

二、单选题

1. (　　)是物流技术水平的主要标志。
   A. 物流设施与设备　　　　　　　　B. 物流信息系统
   C. 自动化仓库　　　　　　　　　　D. 流通加工设备

2. 物流设备寿命周期指设备从(　　)开始到更新报废为止的整个过程时间。
   A. 最初调查研究　　　　　　　　　B. 采购
   C. 安装　　　　　　　　　　　　　D. 试运行

3. 设备寿命周期费用(LLC)中使用运行阶段费用是(　　)的。
   A. 逐步增加　　　　　　　　　　　B. 逐步减少
   C. 不变　　　　　　　　　　　　　D. 快速增加

4. 对设备寿命周期费用的表述正确的是(　　)。
   A. LLC＝购置费＋维持费＋拆除费＋残值
   B. LLC＝购置费＋维持费＋拆除费－残值
   C. LLC＝购置费＋维持费－拆除费－残值
   D. LLC＝购置费＋维持费－拆除费＋残值

5. 设备寿命周期费用中不包括的费用是(　　)。
   A. 设计费用　　　　　　　　　　　B. 制造费用
   C. 安装费用　　　　　　　　　　　D. 广告费用

6. 设备在完成一定工作量作业时所需的运行成本最低衡量的是(　　)。
   A. 高效率　　　　　　　　　　　　B. 故障率
   C. 经济性　　　　　　　　　　　　D. 可靠性

7. (　　)是指设备按要求完成规定功能的能力,是设备功能在时间上的稳定性和保持性。
   A. 高效率　　　　　　　　　　　　B. 故障率
   C. 经济性　　　　　　　　　　　　D. 可靠性

8. 先进性必须服务于适用性,尤其是要有(　　),以取得经济效益的最大化。
   A. 安全性　　　　　　　　　　　　B. 适应性
   C. 实用性　　　　　　　　　　　　D. 可靠性

9. 有时候,先进性和低成本会发生冲突,这就需要物流企业在充分考虑(　　)的基础上进行权衡,做出合理选择。
   A. 安全性　　　　　　　　　　　　B. 适用性

C. 经济性 D. 可靠性

10. 在设备寿命周期费用中,(　　)费用是下降的。

A. 规划阶段到设计阶段 B. 设计阶段到制造阶段
C. 安装阶段到使用运行阶段 D. 使用运行阶段到维修更新阶段

三、多选题

1. 物流设备按功能可划分为储存设备、(　　)、信息采集与处理设备、集装单元化装备等。

A. 装卸搬运设备 B. 运输装备
C. 包装设备 D. 流通加工设备

2. 物流基本设施建设水平和吞吐(通过)能力直接影响(　　)和(　　)的运行效率。

A. 物流活动 B. 物流作业
C. 物流流程 D. 物流空间

3. 物流设备出现了"四化"趋势,提高了生产率,下列选项属于"四化"的是(　　)。

A. 连续化 B. 大型化
C. 高速化 D. 复杂化

4. 从物流功能看,物料或商品要经过(　　)等作业环节,并且还有许多辅助作业环节,而各个环节的实现都离不开相应的机械设备。

A. 包装 B. 运输
C. 装卸 D. 储存

5. 在现代化的物流系统中,自动化仓库综合运用了(　　)等高科技技术,使仓储作业实现了半自动化、自动化。

A. 自动控制技术 B. 计算机技术
C. 计算机网络 D. 无限射频技术

6. 设备寿命周期费用(LLC)指设备一生的总费用,包括(　　)部分。

A. 运行费用 B. 设计费用
C. 购置费用 D. 维持费用

7. 选择物流设备的原则是(　　)。

A. 适用性原则 B. 先进性原则
C. 最小成本原则 D. 可靠和安全原则

8. 适用性原则是针对物流设备是否具有运送货物的能力而言,包括(　　)。

A. 安全性 B. 适应性
C. 实用性 D. 可靠性

9. 安全性要求设备在使用过程中保证(　　)安全。
A. 人身　　　　　　　　　　　　B. 货物
C. 环境　　　　　　　　　　　　D. 库房

10. 下列属于装卸搬运车辆的是(　　)。
A. AGV 车　　　　　　　　　　　B. 叉车
C. 堆高车　　　　　　　　　　　D. 电动搬运车

四、简答题

1. 物流设备的特点有哪些？
2. 简述我国物流设备的发展现状。
3. 我国物流设备的发展趋势是什么？
4. 简述物流机械设备正确使用的注意事项。

项目二 使用与维护集装设备

用集装器具或采用捆扎方法,把物品组成集装单元的物流作业方式,便于装卸、搬运、储存和运输,其特点为集小为大,而这种集小为大是按标准化、通用化的要求进行的,它使中小件散杂货以一定的规模进入市场和流通领域,形成规模优势。

集装化技术的意义主要有以下几个方面:

(1) 为装卸作业机械化、自动化创造了条件,加速了运输工具的周转,缩短了货物运输时间,从总体上提高了运输工具装载量和容积利用率。

(2) 促使包装合理化,采用集装化技术,物品的单体包装及小包装要求可降低甚至可去掉小包装,不仅节约了包装材料,且由于集装化器具包装强度高,对货物损伤的防护能力强,能有效减少物流过程中的货差、货损,保证货物安全。

(3) 方便仓储保管作业,标准集装货物便于堆码,能有效提高仓库、货场单位面积的储存能力。

(4) 减轻或完全避免污秽货物对运输工具和作业场所的污染,改善环境状况。

(5) 集装化的最大效果是以其为核心所形成的集装系统,将原来分离的物流各环节有效地联合为一个整体,使整个物流系统实现合理化。

任务一 认知托盘

任务目标

知识目标:
1. 掌握托盘的标准;
2. 熟悉托盘的类型。

能力目标:
1. 能说出托盘的常见标准;
2. 熟练认知常见托盘。

项目二 使用与维护集装设备

任务实施

步骤一:了解托盘的种类

1. 根据托盘的结构来分

(1) 平托盘。

一般谈到的托盘都是指平托盘,因为平托盘使用范围最广,利用数量最大,通用性最好,其具体类别如表2-1所示。目前市场上,木制平托盘约占85%,塑料平托盘占12%,钢制平托盘、复合材料平托盘以及纸制平托盘合计占3%,但是复合材料平托盘和塑料平托盘上升比例较大。

表2-1 平托盘的种类

分类标准	举 例
按叉车叉入方式法分类	单向叉入型、双向叉入型、四向叉入型(见图2-1)等
根据材料分类	木制平托盘(见图2-2)、钢制平托盘(见图2-3)、塑料平托盘(见图2-4)、复合材料平托盘以及纸制平托盘等

图2-1 四向进叉托盘

图2-2 木制平托盘

图2-3 钢制平托盘

图2-4 塑料平托盘

(2) 箱式托盘(见图2-5、图2-6)。

箱式托盘的基本结构是沿托盘四个边由板式、栅式、网式等各种平面组成箱体,有些箱体有顶板,有些箱体上没有顶板。箱式托盘不仅防护能力强,还可有效防止塌垛、货损。

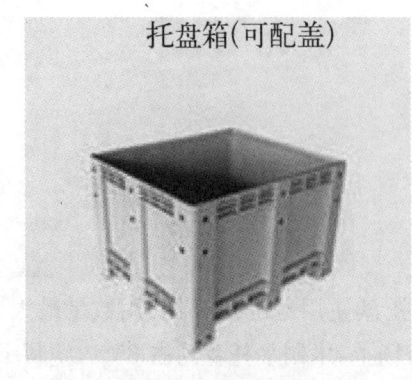

图2-5 箱式托盘

图2-6 网格托盘

(3) 轮式托盘(见图2-7)。

轮式托盘的基本结构是在柱式、箱式托盘下部装有小型轮子。这种托盘不但具有一般柱式、箱式托盘的优点,而且可利用轮子做短距离移动。

(4) 柱式托盘(见图2-8)。

柱式托盘的基本结构是托盘的四个角有固定式或可卸式的柱子,这种托盘又可从对角的柱子上端用横梁连接,使柱子成门框架。柱式托盘的柱子部分用钢材制成,多用于包装物料、棒料管材等的集装。

图2-7 轮式托盘

(5) 特种专用托盘(见图2-9)。

特种专用托盘有航空货运或行李托运时使用的航空托盘、能支撑和固定立放平板玻璃的玻璃集装托盘,以及专门用于装放长尺寸材料的托盘、轮胎专用托盘等。

图2-8 柱式托盘

图2-9 特种专用托盘

2. 根据托盘的制造材料来分

根据不同的制造材料,可将托盘分为木制托盘、塑料托盘、钢制托盘、蜂窝纸托盘、层压板托盘和高密度合成板托盘等,具体种类如表2-2所示。

表 2-2 按材料不同划分的托盘的种类

种　类	制造材料	特　点
木制托盘	以天然木材为原料	精确度高,不易变形,用高强度螺钉加固,不会起钉,牢固性好
塑料托盘	是使用 PEPP 等热塑性塑料,加上一些改善性能的添加剂,通过注塑、吹塑等工艺加工而成的	强度大,可回收,使用寿命长(可用6～7年)
钢制托盘	采用优质特种型材制造,由面板和支腿组合而成	外形美观,坚固耐用,无须维护;结构合理,承重能力更加优化;防腐,便于清洁,不易污染,适合化工企业
蜂窝纸托盘	用蜂窝纸板与高强度蜂窝支腿经胶粘、压制复合制成的托盘	质轻,价廉,高强度,免熏蒸,并经过高温消毒或防腐处理,属绿色产品,符合环保要求,特别适合空运货物物流
层压板托盘	是用废纸、草浆等杂物水解后压制而成的再生环保材料	抗压性、承重性接近木板,适合电子产品等高档产品运输的使用
高密度合成板托盘	用各类废弃物经高温高压压制而成	避免了传统木托盘的木结、虫蛀、色差、耐湿性能差等缺点,具有高抗压、重承载、低成本的优点。适合各类货物的运输,尤其是重货的成批运输,是替代木托盘的上佳选择

步骤二:熟悉托盘的用途

托盘是为了便于货物装卸、运输、保管和配送等而使用的由可以承载若干数量物品的负荷面和叉车插口构成的装卸用垫板。

托盘是物流产业中最不起眼,却又无处不在的一种物流器具,是静态货物转变为动态货物的主要手段。尽管只有一米见方大小,却"可以移动整个地球",所以又叫作"活动的地面""移动的货台"。

托盘作为物流运作过程中重要的装卸、储存和运输设备,与叉车配套使用,在现代物流中发挥着巨大的作用。托盘给现代物流业带来的效益主要体现在:可以实现物品包装的单元化、规范化和标准化,保护物品,方便物流和商流(见图 2-10)。

图 2-10 托盘集装单元化、规范化和标准化

步骤三:掌握托盘的标准

托盘虽然只是一个小小的器具,但由于托盘具有重要的衔接功能、广泛的应用性和举足轻重的连带性,在装卸搬运、保管、运输和包装等各个物流环节的效率化中都处于中心位置,所以托盘的规格尺寸(见表 2-3)是包装尺寸、车厢尺寸、集装单元尺寸的核心。

表 2-3 托盘的规格尺寸

国家和地区	托盘标准
美国	1 219 mm×1 016 mm(48 英寸×40 英寸)
加拿大、墨西哥	1 000 mm×1 000 mm
澳大利亚	1 165 mm×1 165 mm
欧洲	欧洲大部分国家的托盘标准是 1 200 mm×800 mm,但是英国、德国及荷兰也使用 1 200 mm×800 mm 和 1 200 mm×1 000 mm 的两种托盘
日本、韩国、新加坡等	1 100 mm×1 100 mm
中国	使用较多的是 1 200 mm×1 000 mm 和 1 100 mm×1 100 mm

各国在制定托盘规格时都考虑到以下因素,即与桥梁、隧道、运输道路与货车站台设施相适应,以及与货车、卡车等车辆宽度相配合,再由托盘规格决定仓库支柱的间距、货架等尺寸。所以,改变托盘规格涉及一系列的复杂问题。国际间托盘规格的统一虽然很理想,但是难度较大。目前,ISO 承认的托盘的国际规格有 1 200 mm×800 mm(欧洲规格)、1 200 mm×1 000 mm(欧洲一部分、加拿大、墨西哥规格)、1 219 mm×1 016 mm(美国规格)、1 100 mm×1 100 mm(亚洲规格)等。

应用训练

在教师的组织指导下,利用实训室现有托盘进行认知了解,然后予以考核。

任务二 认识集装箱

任务目标

知识目标：

1. 了解集装箱的概念；
2. 熟悉集装箱的结构、分类；
3. 识别各种类型的集装箱标志，熟练说出集装箱的标准。

能力目标：

1. 按货物的种类，能区分并识别不同用途的集装箱；
2. 能根据集装箱上的永久性标志，熟练说出标志的内容。

任务实施

步骤一：认识集装箱

历年来，国内外专家学者对集装箱的定义存在一定的分歧。我们采用权威的国际标准化组织（ISO）对集装箱的定义：集装箱是指具有一定强度、刚度和规格的专供周转使用的大型装货容器。其特点如下：具有耐久性，其坚固强度足以反复使用；适合一种或多种运输方式，途中转运时箱内货物无须换装；设有快速装卸和搬运的装置，特别便于从一种运输方式转移到另一种运输方式；便于货物的装满或卸空；具有1立方米及以上的容积。

集装箱不同于公路和铁路货车车厢，也不同于反复使用的大型包装箱，它的主要特点是有8个角件，依靠这8个十分简单，但结构和尺寸都很精确的角件，可以完成集装箱的装卸、拴固、堆码等作业。集装箱的主要结构如下：

（1）门端结构（见图 2-11～图 2-14）。

图 2-11 门端结构 1

图 2-12 门端结构 2

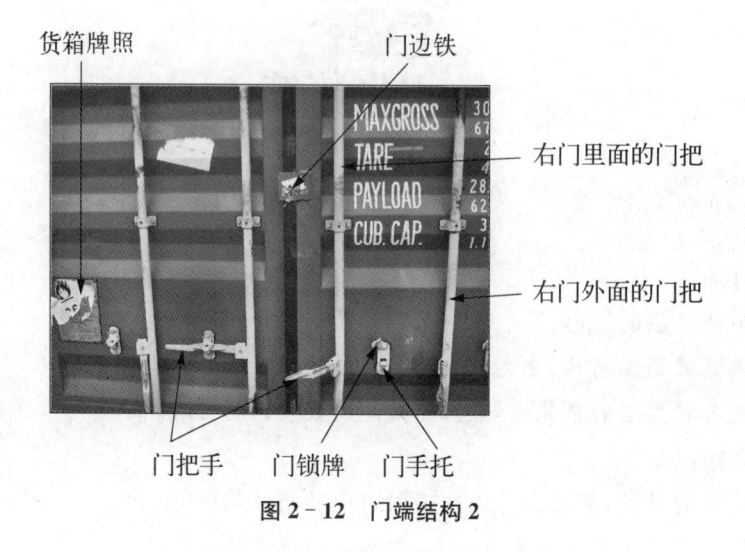

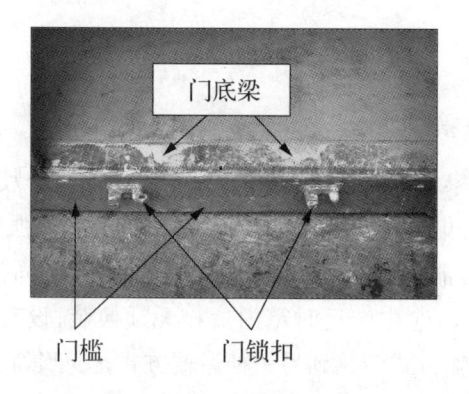

图 2-13 门端结构 3

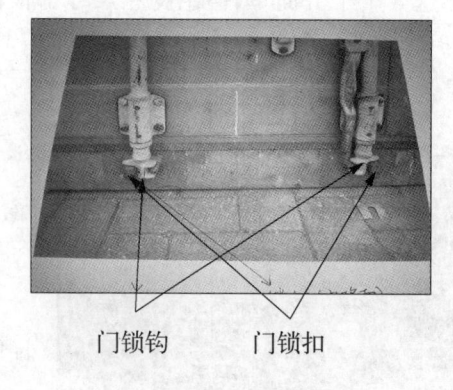

图 2-14 门端结构 4

(2) 箱顶结构(见图 2-15)。

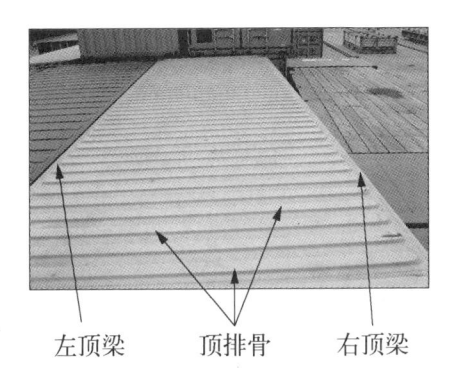

图 2-15　箱顶结构

左顶梁　顶排骨　右顶梁

(3) 底部结构(见图 2-16)。

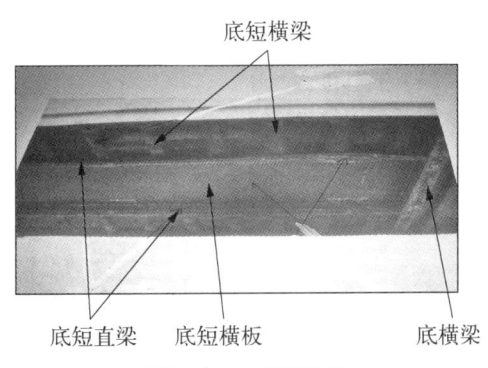

底短横梁

底短直梁　底短横板　底横梁

图 2-16　底部结构

(4) 侧壁结构(见图 2-17)。

侧壁柱　侧壁板　右顶梁　气窗

左侧壁 left side wall

叉槽　叉槽铁　右底梁　右壁右角柱

图 2-17　侧壁结构

(5) 箱内结构(见图 2-18)。

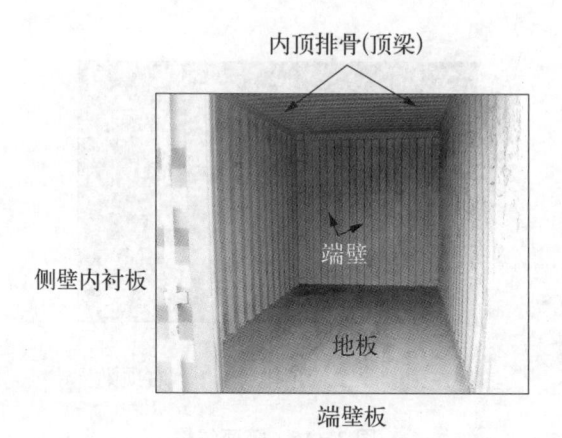

图 2-18 箱内结构

(6) 角件结构(见图 2-19、图 2-20)。

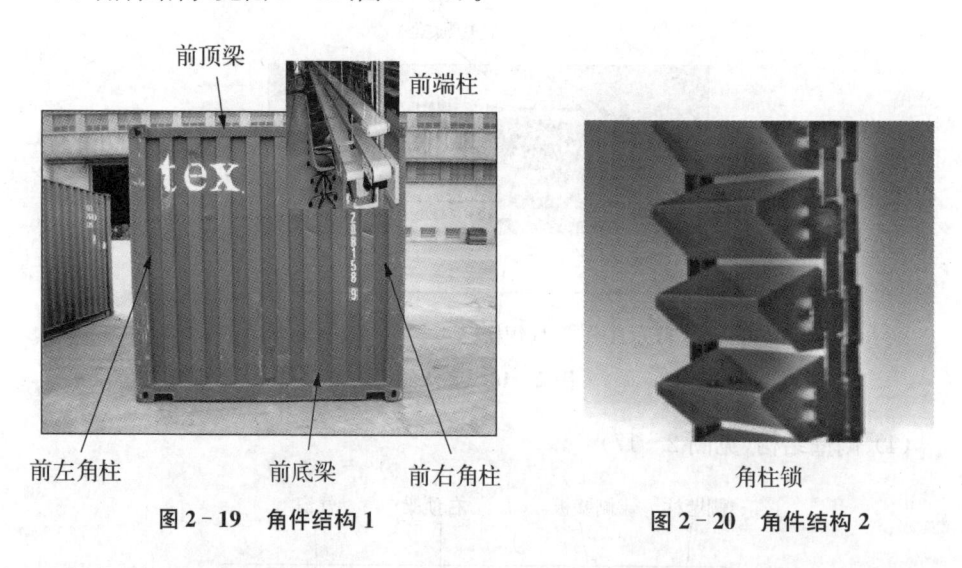

图 2-19 角件结构 1

图 2-20 角件结构 2

步骤二：熟悉集装箱的种类

运输货物用的集装箱种类繁多，可按用途、运输方式、箱体特征等原则分类。这里着重介绍按照箱内所装货物(或用途)不同进行的分类，其几类常见集装箱如下：

(1) 通用干货集装箱。也称为杂货集装箱，是最常用、使用最广、数量最多的一类集装箱，用来运输不受温度变化影响的杂货。通常为封闭式，在一端或侧面设有箱门，具有集装箱的基本结构。

(2) 保温集装箱。包括冷藏集装箱、隔热集装箱、通风集装箱。冷藏集装箱是以运输冷冻食品为主，保持特定温度(温度可达零下 18℃)的集装箱。有自带冷冻机和依靠船舶冷冻装置供应冷气两种类型。隔热集装箱是以保持货物鲜度,防止温度上升过高而具有充分隔热结构的集装箱。通常用冰作制冷剂,可保温72小时左右。通风集装箱是装载具有呼吸作用而不需要冷冻的货物。在端壁和侧壁上设有通风孔,关闭通风口,可以作为杂货集装箱使用。

(3) 灌装集装箱。专门运输液体货物而使用的集装箱,一般为不锈钢制,由罐体和箱体框架两部分组成。装货时,由灌顶的装货孔进入;卸货时,则由排货孔流出或顶部装货孔吸出。

(4) 汽车集装箱。一种运输小型轿车的专用集装箱,其特点是箱的框架内安有简易箱底,无侧壁,其高度与轿车一致,可运载一层或两层小轿车。

步骤三:识别国际集装箱的标志

国际集装箱标志是由字母和数字组成的,如 COSU 0012342、RCX2030、MAX GROSS:1234(KG)、TARE 382(KG)等。它们反映了箱主代号、顺序号和核对号、国家代号、规格尺寸代号和箱型代号、最大总重量和箱体自重等信息,具体内容如表2-4所示。

表2-4 国际集装箱标志的组成

国际集装箱标志	描 述	组 成	举 例
箱主代号	它是用来表示集装箱所有人的代号,使用前需向国际集装箱局登记注册,并不得与已有的箱主代号重复	由4个拉丁字母表示。前3位由箱主自定,第4位规定为U	COSU 001234 ②。"COSU"就是箱主代号,表示中国远洋运输集团公司
顺序号和核对号	顺序号是用来表示集装箱的箱号。核对号用来给计算机核对箱主代号与顺序号正确性的号码,一般位于顺序号之后	顺序号由6位阿拉伯数字表示,如数字不足位数,在数字前加0补足。核对号由1位阿拉伯数字,加以方框醒目表示	COSU 001234 ②。"001234"就是顺序号,"②"就是核对号
国家代号	它是用来说明集装箱的登记国	国家代号用2个或3个大写拉丁字母表示	CN 或 PRC 表示登记国为中华人民共和国
规格尺寸代号和箱型代号	它们表示集装箱的大小、类型。箱型代号可从手册中查得	规格尺寸代号和箱型代号共由4位阿拉伯数字组成。前2位阿拉伯数字是规格尺寸代号;后2位阿拉伯数字,是箱型代号	20:规格尺寸代号,表示20英尺长,8英尺高;30:箱型代号,表示冷冻集装箱

续表

国际集装箱标志	描 述	组 成	举 例
最大总重量和箱体自重	最大总重量（MAX CROSS）又称额定重量,是集装箱的自重与最大允许装货重量之和。箱体自重（TARE）是指集装箱的空箱重量	最大总重量用数字和公斤（KG）单位标出。箱体自重用数字和磅(1B)单位标出	MAX GROSS： 1234(KG) TARE 382(KG)

应用训练

在教师的组织指导下,利用实训纸箱、校内集装箱进行操作,然后予以考核。

任务三
使用和维护托盘

任务目标

知识目标：
1. 掌握托盘的日常使用技巧；
2. 清楚托盘的维护与保养内容。

能力目标：
1. 能够根据商品信息合理组盘；
2. 能进行托盘的日常维护。

任务实施

步骤一：托盘的正确使用

正确使用托盘，可以延长托盘的寿命，降低企业的物流成本，让企业的仓储和物流更高效、节能、环保、低成本。托盘的正确使用应该做到包装组合码放在托盘上加上适当的捆扎和裹包，便于利用机械装卸和运输，从而满足装卸、运输和存储的要求，具体要求如表 2-5 所示。

表 2-5 正确使用托盘的要求

事 项	具体要求
托盘的材料及工作环境	选择载重量合适的托盘
托盘上放置货品的重心高度	严禁将货物从高处抛掷在托盘上。货物均匀置放，不要集中堆放、偏心堆放
托盘的堆码及承载表面积利用率	托盘堆码时，货物的码放要平整，使托盘的底面受力均匀，从而避免托盘变形、量过大而造成托盘的破裂
托盘承载货物的固定方式	主要有捆扎、胶合束缚、拉伸包装，并可相互配合使用

续表

事 项	具体要求
托盘货物的码放方式	木质、纸质和金属容器等硬质直方体货物单层或多层交错码放，拉伸或收缩包装
	纸质或纤维质类货物单层或多层交错码放，用捆扎带十字封合
	密封的金属容器等圆柱体货物单层或多层码放，用木质货盖加固
	需进行防潮、防水等防护的纸质品、纺织品货物单层或多层交错码放，拉伸或收缩包装或增加角支撑、货物盖隔板等来加固结构
	易碎类货物单层或多层码放，增加木质支撑隔板结构
	金属瓶类圆柱体容器或货物单层垂直码放，增加货框给板条加固结构
	袋类货物多层交错压实码放
承载货物的防护与加固	加固防护附件由纸质、木质、塑料、金属或者其他材料制成
液压车和叉车在使用托盘时	叉齿之间的距离应尽量放宽至托盘的进叉口外缘，进叉深度应大于整个托盘深度的2/3以上。在实际操作中，应保持匀速进退和上下，避免急刹、急转引起托盘受损，造成货物倒塌。叉齿不可撞击托盘侧面，以免造成托盘破碎、裂纹（见图2-21、图2-22）
托盘上货架	应保持托盘在货架横梁上的平稳放置，托盘长度应大于货架横梁外径50 mm以上（见图2-23）

图2-21 叉车叉取托盘　　图2-22 液压车叉取托盘

图2-23 托盘货物正确放置在货架

步骤二:托盘的正确维护

托盘作为物流运作过程中重要的装卸、储存和运输设备,与叉车配套使用,在现代物流中发挥着巨大的作用。为了使托盘能够发挥其作用和延长使用寿命,除在实际操作过程中应该正确、规范使用托盘外,还应关注托盘的维护保养。

在使用一段时间后,托盘可能因各种原因造成损坏,应该及时维修,以保持其使用寿命。对于可组合的托盘应及时更换受损部件,如木托盘的面板;对于整体不可拆分的托盘应及时整体更换。对于托盘的检查是一种有计划的预防性检查,检查手段除人为感官以外,还要有一定的检查工具和仪器。同时,托盘的日常维护保养必须做到制度化和规范化。

在日常使用维护中,应注意塑料托盘避免遭受阳光暴晒,木质托盘避免雨淋,以免引起托盘老化、腐烂,缩短使用寿命。平时严禁将托盘从高处抛落或从低处抛向高处,避免因猛烈撞击而造成托盘破碎、裂纹。

步骤三:知晓使用维护中异常情况的处理流程

在托盘的点检、使用和周期性维护保养过程中发现设备部件或功能异常时,应根据异常情况做出初步判断,并联系维修人员进行维修,托盘维修后,相关维修负责人应及时填写"设备维修保养记录"。若遇到维修不了的情况,应及时联系托盘管理员,由厂家进行维修;若无法维修,需及时更换,避免使用中出现危险。

应用训练

根据学校实训条件选择常见的塑料托盘和木制托盘,让学生自己组盘操作,然后予以考核。

拓展提升

一、组盘时的注意原则和要求

(1) 组盘时,货物码放必须符合货物包装上储运图示标志的规定,按文字、箭头方向码放。严禁超高、超重、超限额和倒置、侧置存放。

(2) 组盘时,货物码放必须保证标签朝外。

(3) 组盘时,货物码放按照包装尺寸合理摆放,保持整托货物的稳定性,保证在地牛和叉车转弯时货物不晃动、不散落,必要时应使用捆扎带。

(4) 除大件货外,组盘时,货物不能超出托盘四边。

(5) 托盘堆码高度一般不超过 1.5 m,堆码时必须注意货物包装的堆码限制,防止因摆放层数过多而导致底层货物挤压损坏。

(6) 原则上同一托盘只放同一票货物,不得混放。

(7) 一票多件货物需要码多个托盘时,应保证各个托盘按照统一规则码放,各托盘码放的货物数量相同。

二、托盘货物紧固

1. 捆扎

保管时,多层货物的堆压以及输送中的振动冲击会使带子变松,从而降低防止散垛的效果,这是需要注意的。

2. 黏合

一是在下一层货箱上涂上胶水使上下货箱黏合;二是每层之间贴上双面胶条,将两层货箱通过胶条黏合在一起。胶水的效果需根据货物的特性(重盆、包装形态等)来决定用量和涂布方法。

3. 加粗架紧固

将墙板式的框架加在托盘货物的相对的两面或四面以至顶部,用以增加托盘货体的刚性。采用组合式需要打包带紧固,使托盘和货物结合成一体。

4. 网罩紧固

多见于航空运输,先将网罩套在托盘货物上,再将网罩下端的金属配件挂在托盘周围的固定的金属片上(或将绳网下部缚牢在托盘的边缘上),以防形状不整齐的货物发生倒塌。

5. 专用金属卡具固定

对某些托盘货物,最上部如能伸入金属夹卡,则可用专用夹卡将相邻的包装物卡住,以使每层货物通过金属卡具成一整体,防止个别货物分离滑落。

6. 中间夹摩擦材料紧固

将具有防滑性能的纸板夹在各层器具之间,以增加摩擦力,防止水平移动(滑动)或冲击时托盘货物各层间的移位。

7. 收缩薄膜紧固

将热缩塑料薄膜制成一定尺寸的套子,套于托盘货垛上,然后进行热缩处理,塑料薄膜收紧后,便将托盘与货物紧推成一体。

8. 平托盘周边垫高稳固

将平托盘周边稍稍垫高,托盘上所放货物会向中心相互靠拢,在物流中发生摇摆、振动时,可防止层间滑动错位,防止货垛外倾,因而能起到稳固作用。

基础练习

一、判断题

1. 集装化方便仓储保管作业,标准集装货物便于堆码,能有效提高仓库、货场单位面积的储存能力。（　　）

2. 运输货物用的集装箱种类繁多,可按用途、运输方式、箱体特征等原则分类。（　　）

3. 正确使用托盘,可以延长塑料托盘的寿命,降低企业的物流成本,让企业的仓储和物流更高效、节能、环保、低成本。（　　）

4. 在日常使用维护中,应注意木质托盘避免遭受阳光暴晒,塑料托盘避免雨淋。（　　）

5. 对于托盘的检查是一种有计划的预防性检查,检查手段主要是人为感官检查。（　　）

6. 组盘时,货物码放必须符合货物包装上储运图示标志的规定,按文字、箭头方向码放。（　　）

7. 堆码时,必须注意提高托盘的利用率,码垛越高越合适。（　　）

8. 原则上同一托盘只放同一票货物。（　　）

9. 为提高作业效率,组盘时,货物码放标签朝内朝外都可以。（　　）

10. 一般谈到的托盘都是指箱式托盘,因为箱式托盘使用范围最广,利用数量最大,通用性最好。（　　）

二、单选题

1. （　　）是目前市场上广泛使用的托盘。
   A. 木制平托盘　　　　　　　　B. 钢制平托盘
   C. 塑料制平托盘　　　　　　　D. 复合材料平托盘

2. 亚洲一些国家和地区,如日本、韩国、新加坡等,使用的托盘标准是（　　）。
   A. 1 200 mm×1 000 mm　　　　B. 1 100 mm×1 100 mm
   C. 1 200 mm×800 mm　　　　　D. 1 000 mm×800 mm

3. 托盘堆码高度一般不超过（　　）m。
   A. 1　　　　　　　　　　　　B. 1.2
   C. 1.5　　　　　　　　　　　D. 2

4. 不属于托盘货物紧固方法的是（　　）。
   A. 捆扎　　　　　　　　　　　B. 黏合
   C. 收缩薄膜紧固　　　　　　　D. 重物压制

5.集装箱是指具有一定强度、刚度和规格的专供周转使用的大型装货容器,一般具有( )立方米及以上的容积。

A. 0.5　　　　　　　　　　　　B. 1.0
C. 1.5　　　　　　　　　　　　D. 2.0

三、多选题

1.常见的托盘有( )。

A. 柱式托盘　　　　　　　　　B. 箱式托盘
C. 平托盘　　　　　　　　　　D. 轮式托盘

2.下列属于钢制托盘特点的是( )。

A. 外形美观,坚固耐用　　　　B. 结构合理,承重能力更加优化
C. 防腐,便于清洁,不易污染　 D. 适合空运货物物流

3.托盘给现代物流业带来的效益主要体现在可以实现物品包装的( ),保护物品,方便物流和商流。

A. 信息化　　　　　　　　　　B. 单元化
C. 规范化　　　　　　　　　　D. 标准化

4.中国规定的托盘使用标准是( )。

A. 1 200 mm×1 000 mm　　　　B. 1 100 mm×1 100 mm
C. 1 200 mm×800 mm　　　　　D. 1 000 mm×800 mm

5.正确使用托盘的要求包括( )。

A. 选择载重量合适的托盘
B. 严禁将货物从高处抛掷在托盘上
C. 应保持托盘在货架横梁上的平稳放置
D. 托盘堆码时,货物的码放要平整

四、简答题

1.集装化技术的意义主要体现在哪些方面?
2.组盘时的注意原则和要求是什么?
3.托盘货物紧固方法有哪些?
4.简述集装箱的特点。

项目三

使用与维护流通加工设备

包装是指为在流通过程中保护产品,方便储运,促进销售,按一定技术方法而采用的容器、材料及辅助材料的总体名称。包装也包括为了达到上述目的而进行的操作活动。从有产品的那一天起,就有了包装。包装已成为现代商品生产不可分割的一部分,随着科学技术的飞速发展,包装已成为促进销售、增强竞争力的重要手段。

通过本项目的学习与训练,能够了解常用包装材料、包装技术,掌握常见包装设备的操作及简单维护方法。

任务一 操作打包设备

任务目标

知识目标:
掌握常见的打包设备。

能力目标:
能操作打包设备。

任务实施

步骤一:认识手动打包机

打包是在流通加工中最常见的一项作业。打包机又称捆包机或捆扎机,是使用捆扎带缠绕产品或包装件,然后收紧并将两端通过热效应熔融或使用包扣等材料连接的机器(见图3-1～图3-6)。打包机的功用是使塑料带能紧贴于被捆扎包件表面,保证包件在运输、贮存中不因捆扎不牢而散落,同时还应捆扎整齐美观。

图3-1 咬合器

图3-2 拉紧器

图3-3 铁皮扣

图3-4 打包带

图3-5 封箱器

图3-6 胶带

步骤二:掌握手动打包机的打包技术

(1) 装箱:选择物品装入纸箱(见图3-7)。

图3-7 装箱

(2) 封箱:用胶带将纸箱封闭(见图3-8)。

图3-8 封箱

(3) 绕箱:将包装带环绕纸箱(见图3-9)。

图3-9 绕箱

(4) 裁断:用打包机将包装带裁断(见图3-10)。

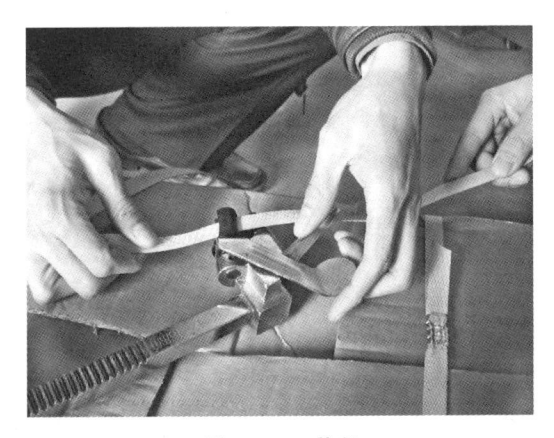

图3-10 裁断

(5) 夹紧:用打包机夹紧包装带两端(见图3-11)。

图3-11 夹紧

(6) 套扣:套上钢扣(见图3-12)。

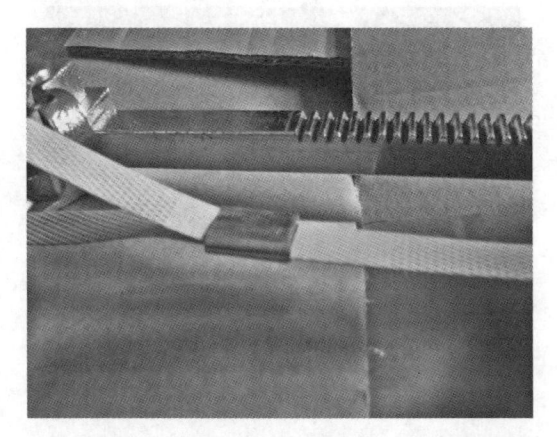

图3-12 套扣

(7) 拉紧:两端拉紧(见图3-13)。

图3-13 拉紧

(8) 咬合:用钳子将钢扣咬合(见图 3-14)。

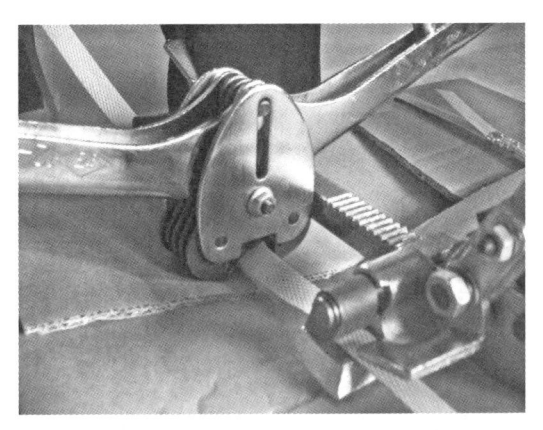

图 3-14 咬合

(9) 检查:松开钳子,检查咬合情况(见图 3-15)。

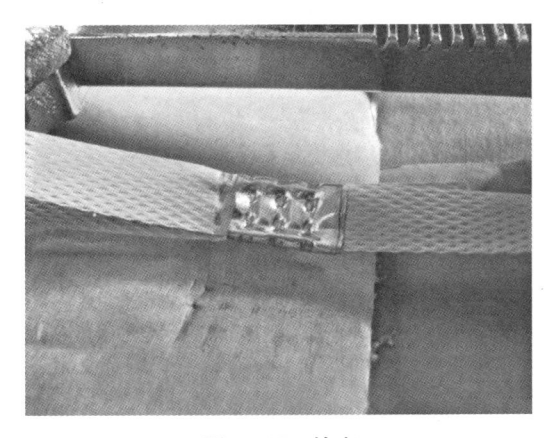

图 3-15 检查

通过上述操作我们可以看出,手动打包机使用起来比较方便,坚固耐用,保养方便,使用寿命长;缺点是效率低。操作时要注意包装带不要割破手,切割包装带时不要切到手指,使用拉紧器前一定要注意包装带是否对齐。

步骤三:认识半自动打包机

半自动打包机(见图 3-16)广泛用于食品、医药、五金、化工、服装、邮政等行业,适用于纸箱打包、纸张打包、包裹信函打包、药箱打包、轻工业打包、五金工具打包、陶瓷制品打包、汽车配件打包、日化用品打包、文体用品打包、器材打包等各种大小货物的自动打包捆扎。

图 3-16 半自动打包机

步骤四：掌握半自动打包机的打包技术

(1) 接通电源(见图 3-17)。

图 3-17　接通电源

(2) 机器预热(见图 3-18)。

图 3-18　机器预热

(3) 设定自动出带长度(见图 3-19)。

图 3-19　设定自动出带长度

(4) 捆扎(见图 3-20)。

(5) 手动退带与切带(见图 3-21)。

图 3-20 捆扎　　图 3-21 手动退带与切带

通过上述操作,我们看到半自动打包机需要手动插入打包带后,机器才会自动完成聚带、黏合、切断、出带的打包过程,每个产品都需手动操作,瞬间加热,5 秒钟内可使打热片工作。当捆包动作完成,60 秒内不再操作时,马达会自动停止,进入待机状态。一般来说,这种半自动的打包机和手动的相比,效率明显得到了很大的提升,并且目前市场价格在 3 000 元左右,在大多数企业的承受范围内。操作时要注意应提前将打包机打开预热 30～60 秒,切忌将头、手穿过带子跑道。机器不用时,切记拔掉电源,勿用水冲洗机器,工作场所潮湿时,操作人员请勿赤脚工作。

步骤五:认识全自动打包机

相较于半自动打包机,全自动打包机(见图 3-22)无须人工插带,触发方式有点动、手动、连打、球开关、脚踏开关,只需按动开关就可以自动完成打包,方便快捷。全自动打包机适用于纸箱打包、纸张打包、包裹信函等打包。

图 3-22 全自动打包机

应用训练

在教师的指导下,在实训室组织手动打包机、半自动打包机的包装练习,然后予以考核。

任务二
维护常用包装设备

任务目标

知识目标：
1. 了解常用的包装设备；
2. 清楚包装设备的常见维护办法。

能力目标：
能够进行包装设备的日常维护。

任务实施

步骤一：常见包装设备

1. 充填机械

充填机械，即将产品按预定量充填到包装容器中的机器。它应适用于包装粉末、颗粒状的固态物品。

在实际生产中，由于产品的状态、性质及所要求的计量精确度等因素各不相同，因此对于不同的物料，所用的充填方法也各有不同，这样就形成了各种各样的充填机械，如容积式充填机（见图3-23）、称重式充填机（见图3-24）、计数式充填机等。

图3-23 容积式充填机　　　　图3-24 称重式充填机

2. 灌装机械

灌装机械是将液体产品按预定的量充填到包装容器内的机器,它不仅可以依靠自重以一定速度流动而灌装黏度较低的物料,如酒类、油类、饮料、药水等,也可以依靠压力以一定速度流动而灌装某些黏稠物料或半流体物,如酱类、牙膏、洗发膏、药膏等。在生产中,灌装机械多用于食品工业,尤其是饮料制造业。

在现代包装业中,液体的灌装设备多为"灌装—封口""清洗—灌装—封口"等多功能设备。同时,灌装机的光、机、电一体化和PLC可编程控制器已普遍应用到灌装机的控制系统中,从而实现了灌装机运行的智能化。例如,液体灌装机(见图3-25)、颗粒灌装机(见图3-26)。

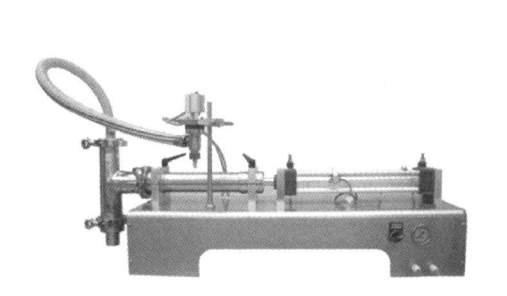

图3-25　液体灌装机　　　　　图3-26　颗粒灌装机

3. 裹包机械

裹包机械是用挠性材料全部或局部裹包产品的机器,适用于块状或具有一定刚度的物品的包装。同时,该设备对于某些粉状和散粒状物品经过浅盘、盒等预包装后,也可进行包装。按包装成品的形态划分,裹包机械可分为全裹包机和半裹包机;按裹包方式划分,裹包机械可分为折叠式裹包机、接缝式裹包机、覆盖式裹包机、缠绕式裹包机(见图3-27)、拉伸式裹包机、贴体式裹包机、收缩式裹包机(见图3-28)等,具体内容如表3-1所示。

图3-27　缠绕式裹包机　　　　　图3-28　收缩式裹包机

表 3-1　裹包机械根据裹包方式分类

类　型	描　述
折叠式裹包机	用挠性包装材料裹包产品,将末端伸出的包装材料按一定的工艺方式进行折叠封闭。常用于长方体物品的裹包,包装后外观规则整齐,视觉效果好
接缝式裹包机	用挠性包装材料裹包产品,将末端伸出的包装材料按同面粘接的方式进行加热加压封闭、分切。接缝式裹包机通常是不间断地连续动作,工作效率较高
覆盖式裹包机	用两张挠性包装材料覆盖在产品的两个相对面上,采用热封或黏合的方法进行封口
缠绕式裹包机	用成卷的挠性包装材料对产品进行多圈缠绕裹包,利用拉伸膜的回缩性将货物与托盘束缚成整体,起到固定的作用,便于装卸与运输。同时,全封闭的塑料薄膜外包装能起到防尘、防潮、防水的作用。缠绕式裹包机可以应用到各行各业,尤其在化工、造纸、食品、玻璃制瓶、电子、医药等领域发挥了巨大的作用
拉伸式裹包机	使用拉伸薄膜,在一定张力下对产品进行裹包,常用于把集积在托盘上的产品连同托盘一起裹包
贴体式裹包机	将产品置于底板上,用覆盖产品的塑料薄片在加热和抽真空作用下紧贴产品,并与底板封合,使包装物品有较强的立体感
收缩式裹包机	用热收缩薄膜对产品进行裹包封闭,然后再进行加热,使薄膜收缩后裹包产品。收缩式裹包机可再分为隧道式、烘箱式、框式和枪式等多种,适用于矿泉水、啤酒、饮料、易拉罐、玻璃瓶等瓶装罐装物的有底托(半盒)或者是其他盒装物品的包装

4. 封口机械

封口机械(见图 3-29)是在包装容器内盛装产品后,将容器的开口部分封闭起来的机器。封口是包装工艺中不可缺少的工序,封口的好坏直接影响到被包装产品的保质期和美观性。封口设备主要由机身、封口装置等构成。

手动式封口机　　　　脚踏式封口机

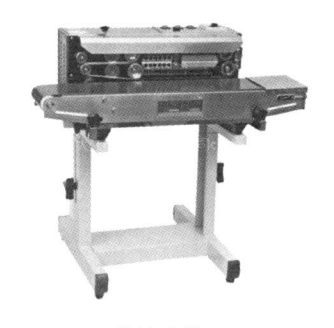

卧式封口机　　　　　　　　落地式封口

图 3-29　封口机械

5. 捆扎(打包)机械

捆扎(打包)机械(见图 3-30)是采用柔软的线材对包装件进行自动捆结的机器,属于外包装设备,广泛应用于食品、医药、五金、化工、服装、邮政等行业,适用于纸箱打包、纸张打包、包裹信函打包、药箱打包、轻工业打包、五金工具打包、陶瓷制品打包、汽车配件打包、日化用品打包、文体用品打包、器材打包等各种大小货物的自动打包捆扎。

自动打包机　　　　　　　　低台式打包机

台式打包机　　　　　　　　侧面打包机

图 3-30　捆扎机械

6. 贴标机械

贴标机械(见图 3-31)是将事先印制好的标签粘贴到包装容器特定部位的机器,其工艺过程包括取标签、送标签、涂胶、贴标签、整平等。

贴标机械主要用于两面贴标机用途,适用于医药、食品、润滑油、化妆品等行业的产品两个对应表面进行贴标签。目前市面上提供了多种贴标机械,主要有扁瓶贴标机、单面贴标机、侧面贴标机、洗发水瓶贴标机、不干胶贴标机、自动贴标机、广州贴标机、全自动贴标机、广东贴标机、两面贴标机等。

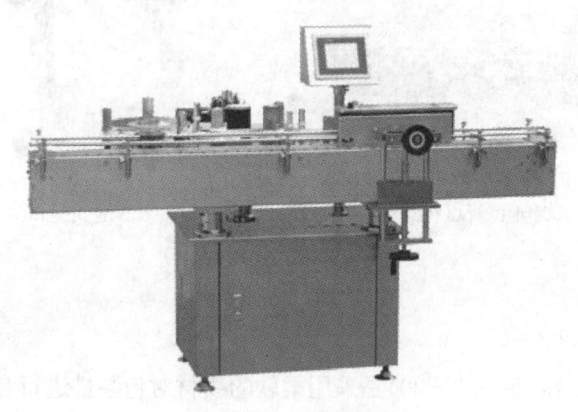

图 3-31　不干胶自动贴标机

步骤二：维护和保养常用包装设备

包装机械维护保养的几个关键：清洁、紧固、调整、润滑、防腐。在日常维护中，保养员应做到：根据机器包装设备的保养手册及保养规程，按规定的周期严格执行各项保养工作，降低零件的磨损速度，消除产生故障的隐患，延长机器的使用寿命。其维护和保养的具体内容如表 3-2 所示。

表 3-2　维护和保养包装设备的具体内容

保养项目		具体内容
例行保养		以清洁、润滑、检查和紧固为重心，在机器工作中及工作后都要按要求进行例行保养
定期保养	一级保养	是在例行保养的基础上进行的，重点工作内容是润滑、紧固并检查各有关部位及其清洁工作
	二级保养	以检查、调整为重点。具体要检查发动机、离合器、变速器、传动构件、转向和制动构件
	三级保养	重点是检测、调整、排除故障隐患及平衡各部件的磨损程度。要对影响设备使用性能的部位及有故障征兆的部位进行诊断检测和状态性检查，进而完成必要的更换、调整及故障排除等工作
特殊保养	换季保养	每年入夏和入冬前，应重点对包装设备的动力系统（发动机）、输送系统（螺旋转轴及皮带输送）、空压系统（检查空气压缩机的润滑及密封）和控制系统等构件的检测和修复
	停用保养	在包装设备因季节因素（如冬休期）等需要停用一段时间时，应做好清洁、整容、配套、防潮、防腐等工作

应用训练

根据学校的实训条件选择包装设备,让学生自己找出设备维护的内容。

基础练习

一、判断题

1. 手动打包机使用起来比较方便,坚固耐用,保养方便,使用寿命长,效率高。
（ ）
2. 手动打包机使用时,使用拉紧器前一定要注意包装带是否对齐。（ ）
3. 这种半自动的打包机和手动的相比,效率明显得到了很大的提升。（ ）
4. 半自动打包机在长时间不用时,要用水冲洗机器,彻底洁净,避免生锈。
（ ）
5. 全自动打包机需要手动插入打包带后,机器才会自动完成聚带、黏合、切断、出带的打包过程。（ ）
6. 充填机械,即将产品按预定量充填到包装容器中的机器。它适用于包装粉末、颗粒状的固态物品。（ ）

二、单选题

1. （　　）是指为在流通过程中保护产品、方便储运、促进销售,按一定技术方法而采用的容器、材料及辅助材料的总体名称。
    A. 包装　　　　　　　　　　　B. 装卸
    C. 搬运　　　　　　　　　　　D. 贴标签
2. 下列不属于手动打包机特点的是（　　）。
    A. 方便　　　　　　　　　　　B. 坚固耐用
    C. 价格比较贵　　　　　　　　D. 保养方便
3. 半自动打包机（　　）秒内不再操作时,马达会自动停止,进入待机状态。
    A. 30　　　　　　　　　　　　B. 60
    C. 90　　　　　　　　　　　　D. 120
4. 初次使用半自动打包机,操作时要注意应提前将打包机打开预热（　　）秒。
    A. 30~60　　　　　　　　　　B. 60~90
    C. 90~120　　　　　　　　　 D. 120~180
5. （　　）是将液体产品按预定的量充填到包装容器内的机器。
    A. 灌装机械　　　　　　　　　B. 裹包机械
    C. 充填机械　　　　　　　　　D. 封口机械

三、多选题

1. 使用手动打包机对商品进行打包时，一般需要涉及（　　）。
   A. 咬合器　　　　　　　　　　　B. 拉紧器
   C. 铁皮扣　　　　　　　　　　　D. 封箱器

2. 包装机械维护保养的几个关键是（　　）。
   A. 清洁　　　　　　　　　　　　B. 紧固
   C. 调整　　　　　　　　　　　　D. 润滑

3. 在包装机械日常维护中，定期保养包括（　　）。
   A. 一级保养　　　　　　　　　　B. 二级保养
   C. 三级保养　　　　　　　　　　D. 四级保养

4. 在包装机械日常维护中，特殊保养包括（　　）。
   A. 停用保养　　　　　　　　　　B. 升级保养
   C. 维修保养　　　　　　　　　　D. 换季保养

5. 裹包机械根据裹包方式分类可以分为（　　）。
   A. 折叠式裹包机　　　　　　　　B. 接缝式裹包机
   C. 覆盖式裹包机　　　　　　　　D. 缠绕式裹包机

四、简答题

1. 手动打包机、半自动打包机各有什么特点？
2. 操作半自动打包机主要注意什么问题？

项目四
使用与维护仓储货架

仓储货架是存储设备,是现代工业仓库、物流中心、配送中心必不可少的组成部分。

仓储货架承重力大,每层承载最大可达 5 000 kg,存取快速方便,有较强的通用性。

通过本项目的学习与训练,能够认识常见的货架,了解其特点,掌握其正确的使用和维护的方法。

任务一
使用仓储货架

任务目标

知识目标:

1. 认识常见的货架;
2. 掌握货架正确的使用方法。

能力目标:

能运用货架进行仓储作业。

任务实施

步骤一:认识常见仓储货架

货架泛指存放货物的架子。在仓库设备中,货架是指专门用于存放成件物品的保管设备。货架的种类很多,最常用的主要有以下几种,如表 4-1 所示。

表 4-1 货架的种类

分类标准	类 别	描 述
按结构分	整体式货架	货架是库房的骨架,屋顶支承在货架上
	分体式货架	货架独立建在库房内,货架与仓库分开

续 表

分类标准	类 别	描 述
按承载量分	轻型货架	每层承重在 150 kg 以下,如超市货架
	中型货架	每层承重在 150~500 kg,如中型工业货架
	重型货架	每层承重在 500 kg 以上,如重型工业货架
按高度分	低层货架	高度在 5 m 以下,用于普通仓库
	中层货架	高度在 5~15 m,可用于立体仓库
	高层货架	高度在 15 m 以上,一般用于立体仓库
按结构特点分	层格式货架（见图 4-1）	每格只放一种物品,物品不易混淆,层间光线暗,存放数量不大
	悬臂式货架（见图 4-2）	悬臂式货架采用特种型材立柱,有单面型与双面型,配以高强度受力悬臂,是存储各种长型物料和不规则物料的最佳方案
	贯通式货架（见图 4-3）	贯通式货架是一种不以通道分割,连续性的整体性货架,它采用托盘存取模式,适用于存放品种单一、大批量的货物
	横梁式货架（见图 4-4）	横梁式货架是常用的一种货架形式,采用方便的单元化托盘存取方式,有效配合叉车装卸,存取货物方便快捷,有 100% 的拣选能力,是先进先出的最经济之选
	阁楼式货架（见图 4-5）	阁楼式货架是用货架做楼面支撑,可设计成多层楼层(通常 2~3 层),设置有楼梯和货物提升电梯等
	流利式货架（见图 4-6）	流利式货架由立柱片、滑移层组合而成,滑移层有一定倾斜度,货物采用标准的周转箱、纸箱存放

图 4-1 层格式货架

图 4-2 悬臂式货架

图 4-3 贯通式货架　　　　图 4-4 横梁式货架

图 4-5 阁楼式货架　　　　图 4-6 流利式货架

步骤二：正确使用仓储货架

1. 使用货架储放货物的步骤

（1）运用手持终端 RF 找出货物即将存放的货架位置；

（2）用堆高车将整托盘货物搬运至指定货位前；

（3）用堆高车将所搬运的整托盘货位上升至储位高度（见图 4-7），将货物存放在货架储位上（见图 4-8、图 4-9），并用 RF 确认（见图 4-10）。

图 4-7 提升货物

图 4-8 货品上货架

项目四 使用与维护仓储货架

图 4-9 货品放在货架正中间

图 4-10 RF确认货架位置

2. 使用货架储放货物时的注意事项

（1）将整托货物放在货位的中部，在保证货物稳固的同时，让货架各部分平均承担重量（见图 4-11）。

图 4-11 货品放在货架正中间

(2) 货架上层与天花板要保持一定的距离(见图4-12)。

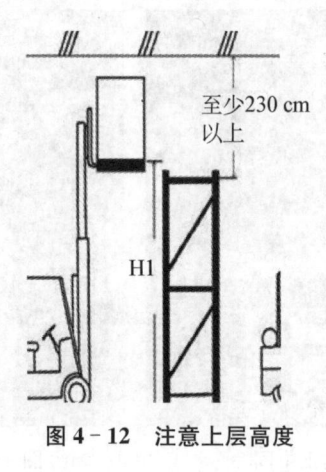

图4-12 注意上层高度

应用训练

在教师的指导下,将不同类型的货物正确存放在货架上,然后予以考核。

拓展提升

一、货架支柱的选择标准

按最下层支柱的承重(6 t)和最下层横梁主高度(1.1 m)选取不同重量级的支柱(见图4-13)。

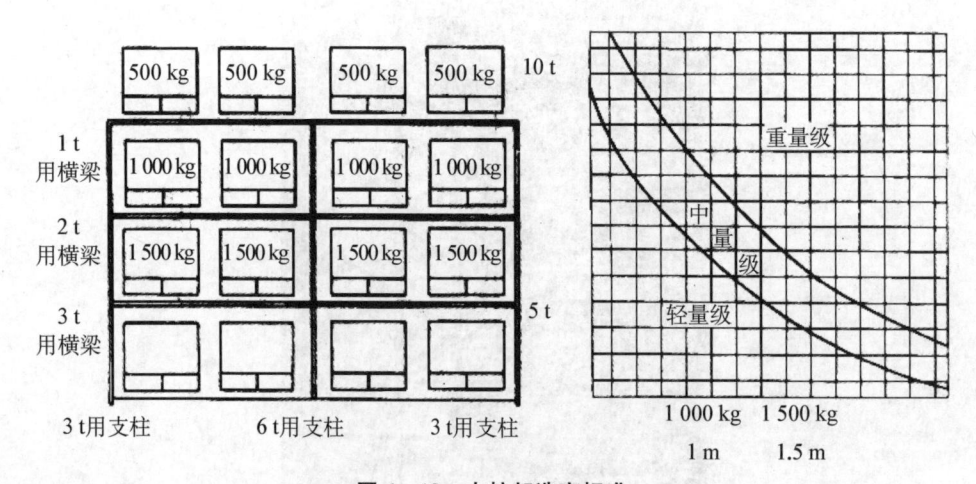

图4-13 支柱架选定标准

二、如何选购货架

仓库货架的主要功能是用来存储货物,很多时候不需要像其他商品一样一味地注意货架产品的外观。选购货架时应注意以下几点:

(1) 货架的稳定性问题一直是仓库货架钢结构设计的关键问题之一,货架钢结构体系的广泛应用凸显了稳定性研究的重要性和紧迫性。由于仓库货架钢结构体系设计、建造以及使用当中存在着许多不确定性因素,所以引入可靠度分析是必要的。

(2) 选择货架一定要选择适合你仓库特点的,所以在购买之前,一定要自己先行规划,或者让货架厂的专业技术人员为你进行量身定做,这样对你仓库的利用率会大大增加,将来出现问题的可能性也会降到最低。

(3) 工艺问题。货架成型后的黑件都应该经过除油、除锈、预处理、磷化、钝化、静电喷涂、高温固化等多个环节。一般每个货架公司都有标准颜色,喷涂标准色一般费用较低。若用特殊颜色,换粉会增加工期,浪费粉末,所以费用会相对较高。

任务二 维护与保养货架

任务目标

知识目标：
掌握货架的维护与保养内容。

能力目标：
能够进行货架的日常维护。

任务实施

步骤一：制定货架使用制度

不同的仓库、不同的货物需要配备不同的货架，每个仓库的货架都有不同的使用方法。仓库管理者需要制定货架使用制度，让每个货架使用人员都学会并遵守，才是达到目标的最终方式。

步骤二：货架的日常保养管理

1. 防撞保护

货架最易损坏的部分大多是通道和拐弯处的立柱，通常都是被叉车撞变形。应根据不同的货架、通道宽度及运送工具提供配套的防撞柱。在通道位置都应该安装防撞护栏，这对保护货架立柱有着非常重要的作用。

2. 防重压

不同规格的货架都是根据承重设计制作的，因此货架上摆放的货物重量必须在货架承重以内。仓库货理员最好在货架上做好承重限载标识。要遵循货架底重上轻的原则，即底层放重物，高层放轻物。

3. 防潮防晒防雨

货架立柱和横梁尽管都是金属制品，且表面都有烤漆，但受潮受晒后，时间一久就可能生锈，从而影响使用寿命。因此，货架在受潮后需要用抹布擦干净，避免货架生锈，特别需要注意比较容易生锈的货架的接口位置。

4. 规定专人使用堆高车

重型和高层货架仓库都配有动力堆高车，堆高车的使用和操作必须由持证的专人操作。绝大部分仓库物架立柱被撞变形都是因非指定人员使用堆高车所造成的。另外,货架横梁最好定制成黄色,以便于堆高车操作者识别。

5. 规定标准的尺寸和放货尺寸

常用托盘为 1 m×1.2 m。如重型横梁式货架的横梁长度一般为 2.5 m,是按照放 2 个托盘的宽度设计的。在货架上放取货时,硬塞或硬拉就可能撞到立柱。

步骤三:知晓维护中异常情况的处理流程

在货架使用和维护保养过程中发现货架部件异常时,应由组长或车间主任根据异常情况做出初步判断,并联系维修人员进行维修。维修后,相关维修负责人应及时填写"货架维修保养记录"。若遇到维修不了的情况,应及时联系设备管理员,由厂家进行维修或者更换,避免在存放货物期间发生事故。

应用训练

根据学校实训中心现有的货架,让学生自己针对每种不同的货架进行维护,然后予以考核。

拓展提升

自动化立体仓库

自动化立体仓库(Automated Storage & Retrieval System,简称 AS/RS,见图 4-14)由高层货架、巷道式堆垛机、入出库输送机系统、自动化控制系统、计算机仓库管理系统及其周边设备组成,可对集装单元货物实现自动化保管和计算机管理的仓库,广泛应用于大型生产性企业的采购件、成品件仓库和流通领域的大型流通中心、配送中心等。

图 4-14 自动化立体仓库

高层货架：自动化立体仓库的主要组成部分，是保管物料的场所。随着单元货物重量和仓库高度的提高，要求货架立柱、横梁的刚度和强度更高。随着仓库自动化程度的提高，要求货架制造和安装精度也相应提高，高层货架的高精度是自动化立体仓库的主要保证之一。

巷道式堆垛机：在高层货架的窄巷道内作业的起重机。除控制系统外，主要由操控、走行、卷扬、存取四大装置组成，平均存取时间为70秒/栈，自动运作时出现故障可改由手动操作。

自动化立体仓库的周围出入库配套机械设施：巷道机只能在巷道内进行存取作业，货物出入库需通过周围的配套搬运机械设施。货物进仓时，先由输送机输入出入货平台，巷道机从此处接过货物，存入指定的货格；出仓则反之。这些配套设备是高层货架仓库必不可少的设施，其能力和自动化程度必须与仓库相适应。

自动化立体仓库具体还包括网络服务器、RF服务器、管理计算机、监控计算机、出入库调置、RF基站和RF手持终端等。

自动化立体仓库主要有以下几个优点：

(1) 采用高层货架存储，提高了空间利用率及货物管理质量。

(2) 自动存取，提高了劳动生产率，降低了劳动强度。

(3) 科学储备，提高了物料调节水平，加速了储备资金周转。

(4) 提高了仓库作业水平和储存的可靠性。

(5) 满足了特殊环境下的工作条件。

基础练习

一、判断题

1. 在使用货架存放货物时，将整托货物放在货位的中部，在保证货物稳固的同时，让货架各部分平均承担重量。（   ）

2. 货架横梁最好定制成黄色，以便于堆高车操作者识别。（   ）

3. 货架立柱和横梁都是金属制品，且表面都有烤漆，不会生锈。（   ）

4. 货架最易损坏的部分大多是通道和拐弯处的立柱，通常都是被叉车撞变形。（   ）

5. 货架在受潮后需要用抹布擦干净，避免货架生锈，特别需要注意货架的横梁位置，横梁处由于经常使用比接口处更容易生锈。（   ）

6. 货架上层与天花板要保持一定的距离。（   ）

二、单选题

1. (   )是库房的骨架，屋顶支承在货架上。

A. 整体式货架 B. 分体式货架
C. 层格式货架 D. 悬臂式货架

2. 一般中型货架的承载量为( )kg。
A. 100～150 B. 150～300
C. 150～500 D. 300～500

3. 一般中层货架的高度为( )m。
A. 3～5 B. 5～10
C. 5～15 D. 10～15

4. 货架的( )问题一直是仓库货架钢结构设计的关键问题之一,货架钢结构体系的广泛应用凸显了其研究的重要性和紧迫性。
A. 可靠性 B. 稳定性
C. 经济性 D. 实用性

三、多选题

1. 货架按结构特点分,包括( )。
A. 层格式货架 B. 横梁式货架
C. 贯通式货架 D. 分体式货架

2. 货架的日常保养管理涉及( )。
A. 防撞保护 B. 防重压
C. 防潮防晒防雨 D. 规定专人使用堆高车

3. 货架成型后的黑件都应该经过( )、静电喷涂、高温固化等多个环节。
A. 除油 B. 除锈
C. 磷化 D. 钝化

四、简答题

1. 选购货架的注意事项包括哪些方面?
2. 简述使用货架储放货物的步骤。
3. 自动化立体仓库的主要特点包括哪些?

项目五
驾驶与维护内燃叉车

内燃叉车的机动性能好,功率大,能在较恶劣的环境中工作,是目前物流业应用最为广泛的叉车类型。通过本项目的学习与训练,能够掌握内燃叉车的主要类型、技术参数,熟悉内燃叉车及电动叉车的选用方法,并掌握内燃叉车的正确驾驶与简单维护的方法。

任务一
驾驶内燃叉车

任务目标

知识目标:
1. 掌握内燃叉车的操作步骤;
2. 熟悉内燃叉车的主要类型、技术参数。

能力目标:
1. 熟练驾驶内燃叉车;
2. 准确说出内燃叉车的名称。

任务实施

步骤一:认识内燃叉车

内燃叉车(见图 5-1)是指使用柴油、汽油或者液化石油气为燃料,由发动机提供动力的叉车,载重量为 0.5~45 t。其特点是储备功率大,作业通道宽度一般为 3.5~5.0 m,行驶速度快,爬坡能力强,作业效率高,对路面要求不高,但其结构复杂,种类较多(见表 5-1),维修困难,污染环境,噪声较大,常用于室外作业。

表 5-1 内燃叉车的类型

分类标准	类型	特点
动力形式	柴油叉车	发动机动力性较好(低速不易熄火,过载能力、长时间作业能力强)、燃油费用低,但振动大,噪声大,排气量大,自重大,价格高。使用场地一般在室外,载重量为 0.5~45 t
	汽油叉车	发动机外形小,自重轻,输出功率大,工作噪声及振动小,价格低,但汽油机过载能力、长时间作业能力较差,燃油费用相对较高。载重量为 0.5~4.5 t
	液化石油气叉车	是在平衡重式汽油叉车上加装液化石油气转换装置,即 LPG 叉车,通过转换开关能进行使用汽油和液化气的切换。其尾气排放少(一氧化碳排放明显少于汽油机),燃油费用低(15 kg 的液化气相当 20 L 汽油)。适用于对环境要求较高的的室内作业
结构形式	平衡重式内燃叉车	采用柴油、汽油、液化石油气燃料,载荷能力为 0.5~45 t,10 t 以上多为柴油叉车。具有整机重心低、稳定性好、转弯半径小、工作效率高、驾驶视野开阔、操作轻便灵活、维修方便等优点。适用于仓库、货场、港口、工地及一般厂矿企业等场所作成件货物的装卸、堆垛和短途运输
	集装箱叉车（正面吊）	采用柴油发动机作为动力,是用来装卸集装箱的一种吊车。承载能力为 8~45 t。主要应用于码头、堆场、铁路场站的重箱集装箱堆垛及短距离搬运。适用于高度为 8′、8′6″、9′6″,长度为 20′或 40′的集装箱满箱的搬运和堆垛,最高可堆 5 层;可跨三列作业
	侧面式内燃叉车	采用柴油发动机作为动力,承载能力 3.0~6.0 t。货叉安装在叉车侧面,具有直接从侧面叉取货物的能力,主要用来叉取长条型的货物,如木条、钢筋等。它能装载各种超长重物,在狭窄的通道上运行;能进行各种成型货物的堆垛作业,提高货物的空间储放量,是板院、仓库、货场实现规范化作业的必备机械;能自装、自运、自卸各种大型货物,一机多能,节省作业的中间工序,提高工作效率;能在多种场所灵活转运各类器材和货物,使用范围广,机动性好

平衡重式内燃叉车　　　　　集装箱叉车　　　　　侧面式内燃叉车

图 5-1　内燃叉车

常见叉车有以下几个主要部件：

(1) 安全架：保护操作员免于被掉落的物品击中的护架。当举升的物品会超过操作员头部以上的高度时，必须具备安全架。

(2) 升降架：由一直立的槽型钢组合而成的升降装置，利用油压缸或电动的举升装置。升降架有一段式、二段式、三段式及四段式。

(3) 货叉架：固定货叉和有关附件。货叉架组合通常会使用后挡板，以防止负载物品倾倒。

(4) 货叉：搬运负载物品必用的配件，一般是 100～150 mm 宽，1 000～1 200 mm 长，40 mm 厚。最常使用的配备是牙叉侧移装置，利用手动或油压驱动，可调整牙叉的间距，以搬运不同规格的托盘。

(5) 轴距：即前后轮的距离，决定操作及作业的特性，包括负载能力、旋转半径、直角堆放通道宽度，以及离地高度。

(6) 负载重心距：指负载重心到货叉架的距离，是决定负载能力的因素之一。当负载在 4 500 kg 以下时，标准负载重心距为 0.6 m。

(7) 轮胎：分为硬胎和气胎。硬胎多用于室内；气胎多用于室外，行走速度较快。

(8) 动力系统：室内叉车用电动式，室外叉车多用内燃机式。

步骤二：驾驶内燃叉车

驾驶内燃叉车的操作步骤如表 5-2 所示。

表 5-2　驾驶内燃叉车的操作步骤

步　骤	具体操作
检查车辆	叉车作业前后，应检查外观，加注燃料、润滑油和冷却水
	检查起动、运转及制动性能，检查灯光、音响信号是否齐全有效
	叉车运转过程中，应检查压力、温度是否正常
	叉车运行后，还应检查外泄漏情况并及时更换密封件

续 表

步　骤	具体操作
起步	起步前,观察四周,确认无妨碍行车安全障碍后,先鸣笛后再缓慢平稳起步
	气压式制动的车辆,制动气压表读数必须达到规定值时方可起步
	叉车在载物起步时,驾驶员应先确认所载货物平稳可靠
行驶	行驶时,货叉底端距地高度应保持300～400 mm,门架须后倾
	行驶时,不得将货叉升得太高,若升得太高,会增加叉车总体重心高度,影响叉车稳定性。进出作业现场或行驶途中,要注意上空有无障碍物刮碰
	卸货后,应先降落货叉至正常的行驶位置后再行驶
	叉车转弯时,如附近有行人或车辆,应先发出信号,并禁止高速急转弯。高速急转弯会导致车辆失去横向稳定而倾翻
	叉车在下坡时,严禁熄火滑行
	非特殊情况,禁止载物行驶中急刹车
	载物行驶在坡度超过7°和用高于一挡的速度上下坡时,非特殊情况,不得使用制动器
	叉车运行时,要遵守厂内交通规则,必须与前面的车辆保持一定的安全距离
	叉车运行时,载荷必须处于不妨碍行驶的最低位置,门架要适当后倾。除堆垛或装车时,不得升高载荷。在搬运庞大物件,物件挡住驾驶员的视线时,应倒开叉车
	叉车由后轮控制转向,所以必须时刻注意车后的摆幅,避免初学者驾驶时经常出现的转弯过急现象
	禁止在坡道上转弯,也不应横跨坡道行驶
	叉车在厂区的安全行驶速度为5 km/h,进入生产车间区域时,必须低速安全行驶
装卸	叉载物品时,应按需调整两货叉间距,使两叉负荷均衡,不得偏斜,物品的一面应贴靠挡物架,叉载的重量应符合载荷中心曲线标志牌的规定
	载物高度不得遮挡驾驶员的视线,禁止超载作业
	在进行物品的装卸过程中,必须用制动器制动叉车
	货叉在接近或撤离物品时,车速应缓慢平稳,注意车轮不要碾压物品垫木
	用货叉叉货时,货叉应尽可能深地叉入载荷下面,还要注意货叉尖不能碰到其他货物或物件。应采用最小的门架后倾来稳定载荷,以免载荷后向后滑动。放下载荷时,可使门架少量前倾,以便于安放载荷和抽出货叉
	禁止高速叉取货物和用叉头向坚硬物体碰撞
	叉车作业时,禁止人员站在叉车上或站在货叉周围,以免伤人
	禁止用货叉举升人员从事高处作业,以免发生高处坠落事故
	不准用制动惯性溜放物品
	不准在码头岸边直接叉装船上货物

续 表

步　骤	具体操作
离开叉车	停车制动时,手柄拉死或压下手刹开关
	禁止货叉上物品悬空时离开叉车,离开叉车前必须卸下货物或降下货叉架
	发动机熄火、停电
	拔下钥匙

应用训练

对学生进行场内驾驶训练,然后予以考核。

按正反库顺序练习,注意时间与操作规范。

具体操作规范:

(1) 叉车货叉全开,空车行驶;

(2) 严格按规定路线行驶;

(3) 起步要鸣号,起步与转向时都要打转向灯(8字行驶除外);

(4) 行驶中,车辆不准碰桩,发动机不得无故熄火;

(5) 行驶中和停车后,车辆任何部分都不能出线和压线;

(6) 车没停稳不得反向起步;

(7) 倒车时,必须向后瞭望,确定安全后再倒车;

(8) 行驶中,货叉离地面 300～400 mm,门架要略往后倾,不得边行驶边调整货叉高度和角度;

(9) 不得原地打方向盘和长时间半联动行车;

(10) 动作要规范,操作要熟练准确,不得有明显的失误;

(11) 整个操作过程要连贯,中途不得无故停顿、反复操作和调整;

(12) 行驶中,车轮不得频繁左摇右摆,转弯时车速不能过高;

(13) 行驶中,双手不准同时离开方向盘;

(14) 操作完成后,整车必须停在车库内,拉手刹,挂空挡,货叉水平落地,并鸣号示意;

(15) 听从指挥,不得有违规违纪行为。

拓展提升

一、内燃叉车主要技术参数

叉车的技术参数是用来表明叉车的结构特征和工作性能的。主要技术参数如表5-3所示。

表 5-3 叉车主要技术参数

技术参数	说 明
额定起重量	指货物重心至货叉前壁的距离不大于载荷中心距时,允许起升的货物的最大重量,以 t(吨)表示
载荷中心距	指在货叉上放置标准的货物时,其重心到货叉垂直段前壁的水平距离,以 mm(毫米)表示。对于 1 t 叉车,规定载荷中心距为 500 mm
最大起升高度	指在平坦坚实的地面上,叉车满载且货物升至最高位置时,货叉水平段的上表面离地面的垂直距离
门架倾角	指无载的叉车在平坦坚实的地面上,门架相对其垂直位置向前或向后的最大倾角。前倾角的作用是为了便于叉取和卸放货物;后倾角的作用是当叉车带货运行时,预防货物从货叉上滑落。一般叉车前倾角为 3°~6°,后倾角为 10°~12°
叉车最大起升速度	指叉车满载时,货物起升的最大速度,以 m/min(米/分)表示。提高最大起升速度,可以提高作业效率,但起升速度过快,容易发生货损和机损事故。目前国内叉车的最大起升速度已提高到 20 m/min
最高行驶速度	起重量为 1 t 的内燃叉车,其满载时的最高行驶速度不少于 17 m/min
最小转弯半径	当叉车在无载低速行驶、打满方向盘转弯时,车体最外侧和最内侧至转弯中心的最小距离,分别称为最小外侧转弯半径 R min 外和最小内侧转弯半径 r min 内。最小外侧转弯半径越小,机动性越好
最小离地间隙	指车轮以外,车体上固定的最低点至地面的距离,它表示叉车无碰撞地越过地面凸起障碍物的能力。最小离地间隙越大,则叉车的通过性越高
轴距及轮距	叉车轴距是指叉车前后桥中心线的水平距离。轮距是指同一轴上左右轮中心的距离。增大轴距,有利于叉车的纵向稳定性,但使车身长度增加,最小转弯半径增大。增大轮距,有利于叉车的横向稳定性,但会使车身总宽和最小转弯半径增加
直角通道最小宽度	指供叉车往返行驶的成直角相交的通道的最小宽度,以 mm 表示。一般直角通道最小宽度越小,性能越好
堆垛通道最小宽度	指叉车在正常作业时,通道的最小宽度
整备质量载负荷	叉车按出厂技术条件装备完整,各种油、水添满后的重量

二、常见叉车公司商标

常见叉车公司商标,如图 5-2 所示。

中国佳力　　　　　中国合力

图 5-2 常见叉车商标

三、安全驾驶叉车的要求

1. 驾驶员

驾驶员每天与叉车打交道,对驾驶员的安全操作意识的培养直接关系到作业安全。

(1) 未经特种叉车培训和授权的人员不得操作任何叉车,在公路上驾驶叉车需要至少 B 级驾驶执照。在工作区操作叉车时,必须有雇主书面签发的驾驶许可。

(2) 驾驶员切勿在药物和酒精作用后驾驶,行驶中不得吸烟、饮食。驾驶员必须了解叉车的构造和性能,熟悉操作方法和保养要求,经过专业培训,并经有关部门考核合格,发给合格证,方准单独操作。严禁无证驾驶,实习驾驶员须有持证司机随车教练,不得单独操作。另外,没有供应商或制造商的许可不得擅自改装叉车,以防叉车的性能受到损害。

(3) 在驾驶叉车时须始终系好安全带,驾驶员在叉车附近工作时必须穿着防护鞋。根据个人需要调整座位、踏板、控制杆和靠背,以达到最佳驾驶位置。若在嘈杂环境中工作,须使用防护耳罩。

(4) 使用叉车运输人员时必须严格遵守相关的规定,学习并遵守公司章程。不允许任何人在升高的叉车下走动。

2. 装卸作业

(1) 驾驶员在开始装卸工作之前应保证叉车能正常工作,必须检查以下各处:

① 检查燃油储量。

② 检查油管、水管、排气管及各附件有无渗漏现象。
③ 检查工作油箱的容量是否达到规定的容量。
④ 检查车轮螺栓紧固程度及各轮胎气压是否达到规定值。
⑤ 检查转向及制动系统的灵活性和可靠性。
⑥ 检查电气线路是否有搭线，接头是否有松动现象，喇叭、转向灯、制动灯及各仪表工作是否正常。

（2）开始工作。在搬运货物的时候需要小心谨慎。
① 不允许操作不安全或不稳定的装载，货物的堆放要注意安全性和稳定性，以防倾倒和翻车事故的发生。
② 如果装载遮住了前方视线，需反向驾驶。
③ 不得使用有缺陷或损坏的货盘，这样容易发生意外。
④ 注意要将货盘放在专门的区域，不得随意摆放。
⑤ 驾驶叉车时需在转弯处减速，鸣笛示警，以防发生碰撞事故。
⑥ 升高托盘时应注意提升高度，因为它也将影响叉车的稳定性。
⑦ 要注意避免大负荷操作对叉车的伤害，在连续长时间工作过程中，应注意调节休息时间。
⑧ 如若载荷能力不足，务必换用更大型的叉车，不得超负荷工作。

当叉车装上卡车时，驾驶员应注意叉车的总重量，并确保以下事项：上/下叉车的登车桥装置能正常使用；卡车轮胎被锁住；有足够的空间容纳叉车的门架，如果不能容纳，需要把门架和车体分离后再装载运输。

在装载货物时，应根据货物大小来调整货叉的距离，货物的重量应由两货叉平均分担，以免偏载或叉车运行时货物向一边滑脱。货叉进入货堆时，叉壁应与货物一面相接触，然后门架后倾，将货叉升起离地面 200 mm 左右再行驶。

严禁高速急转行驶，在行车过程中，禁止起升或下降货物等，起重架下绝对禁止有人。在超过 7°的坡度上运载货物时，应使货物在坡上的上方。运载货物行驶时，不得急刹车，应慢速行驶，以防货物滑出。在搬运大体积货物时，如果货物挡住视线，叉车应倒车低速行驶。

严禁停车后让发动机空转而无人看管，更不允许将货物吊于空中而驾驶员离开驾驶位置。叉车在中途停车，发动机空转时，应后倾收回门架，当发动机停车后，应使滑架下落，并前倾使货叉着地。在工作过程中，如果发现可疑的噪声或不正常的现象，必须立即停车检查，及时采取措施加以排除，在没有排除故障前不得继续作业。

工作一天后，应对燃油箱加油，这样不仅可以驱出油箱内的潮气，而且也能防止潮湿的气体在夜间凝成的水珠溶于油液中。另外，未经公司领导同意，任何人不得动用叉车。为了提高叉车的使用寿命及防止意外事故的发生，保持叉车最佳运行状态和各零部件正常运转，在使用过程中，必须对其严格地进行定期保养。

任务二
维护内燃叉车

任务目标

知识目标：
掌握内燃叉车的维护与保养内容。

能力目标：
简单维护和保养内燃叉车。

任务实施

步骤一：日常维护内燃叉车

（1）清洗叉车上的污垢、泥土和尘埃，重点部件是：货叉架及门架滑道，发电机及启动器、蓄电池电极柱、水箱、空气滤清器。

（2）检查各部件的紧固情况，重点是：货叉架、起重链拉紧螺丝、车轮螺栓、制动器、转向器螺栓。

（3）检查脚制动器和转向器的可靠性、灵活性。

（4）检查渗漏情况，重点是：各管接头、燃油箱、工作油箱、制动总泵、多路阀、升降油缸、倾斜油缸、水箱、水泵、发动机油底壳、变速器、驱动桥、减速器、液压转向器、转向油缸、变矩器等。

（5）放去机油滤清器沉淀物。

步骤二：一级维护内燃叉车

按照日常维护项目进行，并增添下列工作：
（1）检查气缸压力或真空度。
（2）检查与调整气门间隙。
（3）检查节温器工作是否正常。
（4）检查多路换向阀、升降油缸、倾斜油缸、转向油缸及齿轮泵工作是否正常。
（5）检查变速器的换挡工作是否正常。
（6）检查与调整手、脚制动器的制动片与制动鼓的间隙。
（7）更换油底壳内机油，检查曲轴箱通风接管是否完好，清洗机油和柴油滤清器滤芯。

(8) 检查发电机及起动电机安装是否牢固,接线头是否清洁牢固,检查碳刷和整流子有无磨损。

(9) 检查风扇皮带松紧程度。

(10) 检查车轮安装是否牢固,轮胎气压是否符合要求,并清除胎面嵌入的杂物。

(11) 由于进行保养工作而拆散零部件,当重新装配后要进行叉车路试。

① 不同程度下的制动性能,应无跑偏、蛇行。在陡坡上,手制动拉紧后,能可靠停车。

② 倾听发动机在加速、减速、重载或空载等情况下运转时有无不正常声响。

③ 路试一段里程后,应检查制动器、变速器、前桥壳、齿轮泵处有无过热。

④ 货叉架升降速度是否正常,有无颤抖。

(12) 检查柴油箱油进口过滤网有无堵塞破损,并清洗或更换滤网。

步骤三:二级维护内燃叉车

除按一级技术保养各项目外,还有二级维护,一般包括如下内容:

(1) 清洗各油箱、过滤网及管路,并检查有无腐蚀、撞裂情况,清洗后不得用带有纤维的纱头、布料抹擦。

(2) 清洗变矩器、变速箱,检查零件磨损情况,更换新油。

(3) 检查传动轴轴承,视需要调换万向节十字轴方向。

(4) 检查驱动桥各部件紧固情况及有无漏油现象,疏通气孔。拆检主减速器、差速器、轮边减速器,调整轴承轴向间隙,添加或更换润滑油。

(5) 拆检、调整和润滑前后轮毂,进行半轴换位。

(6) 清洗制动器,调整制动鼓和制动蹄摩擦片间的间隙。

(7) 清洗转向器,检查转向盘的自由转动量。

(8) 拆卸及清洗齿轮油泵,注意检查齿轮、壳体及轴承的磨损情况。

(9) 拆卸多路阀,检查阀杆与阀体的间隙,如无必要时勿拆开安全阀。

(10) 检查转向节有无损伤和裂纹,以及转向桥主销与转向节的配合情况,拆检纵横拉杆和转向臂各接头的磨损情况。

(11) 拆卸轮胎,对轮辋除锈刷漆,检查内外胎和垫带,换位并按规定充气。

(12) 检查手制动机件的连接紧固情况,调整手制动杆和脚制动踏板工作行程。

(13) 检查蓄电池电液比重,如与要求不符,必须拆下充电。

(14) 清洗水箱及油散热器。

(15) 检查货架、车架有无变形,拆洗滚轮,检查各附件固定是否可靠,必要时补添焊牢。

(16) 拆检起升油缸、倾斜油缸及转向油缸,更换磨损的密封件。

(17) 检查各仪表感应器、保险丝及各种开关,必要时进行调整。

步骤四:润滑全车

新叉车或长期停止工作后的叉车,在开始使用的两星期内,对于应进行润滑的轴承,在加油润滑时,应利用新油将陈油全部挤出,并润滑两次以上,同时应注意下列几点:

(1) 润滑前应清除油盖、油塞和油嘴上面的污垢,以免污垢落入机构内部。

(2) 用油脂枪压注润滑剂时,应压注到各部件的零件结合处挤出润滑剂为止。

(3) 在夏季或冬季应更换季节性润滑剂(机油等)。

应用训练

教师组织学生到物流实训室对内燃叉车进行日常检查,并填写表5-4。

表5-4 叉车日常检查维护记录表

日期:　　年　　月　　　　　　　　　　　　车号:

序 号	检查内容	记 录
01	全车各部位吹尘清洁清理(重点是发动机外表发电机、起动机、空气格、水箱散热片、电池外表的除尘)	
02	检查电池12 V、24 V是否需要加蒸馏水(充电后,如水位不够,需立即加补充液)	
03	检查水箱是否需要加水,燃油箱中的存油量是否足够	
04	检查发动机机油位,如不够,应添加至机油尺上下限之间位置	
05	起动后检查是否有异常响声或异味等现象	
06	检查整车是否有漏气、漏油、漏水等现象出现	
07	检查整车螺丝(如发动机脚、前后轮毂、固定架链条等是否有松动、开裂现象)	
08	检查轮胎(有磨损、开裂、着地不平衡)、转向轴承(有开裂、变形、损坏等)是否正常	
09	检查信号灯、喇叭、倒后镜是否正常	
10	检查转向、升降、刹车系统是否正常	
11	检查各油喉、燃油管是否漏油,电线是否有损坏磨损等情况	
12	整车各黄油嘴处打润滑油(包括链条、内外门架等)	

检查员:　　　　　　　审核:

拓展提升

一、叉车维护的基本原则

叉车维护应贯彻"预防为主,强制维护"的原则,及时发现和消除故障或隐患,使叉车经常处于良好的技术状况,随时可以提供可靠的装卸运输能力。叉车维护的基本原则如下:

(1) 在叉车全部维护工作中,要加强科学管理,建立健全叉车维护的原始记录统计制度,随时掌握叉车技术状态。经常分析原始记录,统计资料,总结经验,发现问题,改进维护工作,不断提高叉车的维护质量。

(2) 叉车维护作业包括清洁、补给、检查、润滑、紧固和调整等。除主要总成发生故障必须解体外,一般不得对其解体。

(3) 严格执行技术工艺标准,加强技术检验,实现检测仪表化。采用先进的不解体检测技术,完善检测方法,使叉车维护工作科学化、标准化。

(4) 叉车维护作业应严密作业组织,严格遵守操作规程,广泛采用新技术、新材料、新工艺,及时修理或更换零部件,改善配合状态和延长机件的使用寿命。

二、内燃叉车维护注意事项

在进行任何维护保养工作之前,必须完成以下流程操作:将叉车放置在平面上并确定其不会突然移动;完全放下货叉;关闭叉车并移除钥匙;最后要按下紧急制动按钮。内燃叉车维护注意事项如表5-5所示。

表5-5 内燃叉车维护注意事项

维护内容	注意事项
清洁	叉车的清洁频率由叉车的使用环境决定。若叉车接触刺激性强的物质,如盐水、化肥、化学用品、水泥等,则必须在每次使用后进行彻底清洁
	清洗的时候需使用高压空气、冷水和清洁剂。可以使用湿布清洁车身。不要将水龙头直接对准叉车,不得使用汽油类产品或溶液进行清洁,因为这些物质可能损坏电子部件或塑料部件
更换零件	更换车灯灯泡之前,先检查一下保险丝是否完好,并且应该确定换上的灯泡和损坏的灯泡是相同型号的
	更换车轮首先应判断什么时候应该给予更换。对于充气轮胎,当轮胎花纹厚度等于或小于1.6 mm时,应该予以更换;对于实心轮胎,当轮胎达到容许的最大磨损量时,应予以更换。此磨损量度由制造商在轮胎侧面标有一道线作为标识。如叉车使用于湿滑地面,在轮胎表面花纹厚度小于1 mm时,应予以更换
电池的保养维护	遵守电池的使用说明来为电池充电。充电不足将缩短电池的使用寿命
	操作电池时必须佩戴防护眼镜和手套,在断开电池连接之前先关闭充电器
	使用电池也要小心谨慎

基础练习

一、判断题

1. 内燃叉车有动力足等特点,广泛使用于仓储室内作业。（　　）
2. 汽油叉车发动机外形小,自重轻,输出功率大,工作噪声、振动小且价格低,但汽油机过载能力、长时间作业能力较差,燃油费用相对较高。（　　）
3. 液化石油气叉车适用于对环境要求较高的室内作业。（　　）
4. 柴油叉车具有发动机动力性较好、燃油费用高、振动大、噪声大、排气量大、自重大、价格高等特点。（　　）
5. 升降架是由一直立的槽型钢组合而成的升降装置,利用油压缸或电动的举升装置。升降架分为一段式和二段式,根据货架高度选择。（　　）
6. 叉车轮胎分为硬胎和气胎。气胎多用于室内;硬胎多用于室外,行走速度较快。（　　）
7. 从经济性的角度出发,叉车在下坡时可以熄火滑行,降低油耗。（　　）
8. 叉车由前轮控制转向,所以必须时刻注意车后的摆幅,避免初学者驾驶时经常出现的转弯过急现象。（　　）
9. 叉车运行时,载荷必须处于不妨碍行驶的最低位置,门架要适当后倾。（　　）
10. 用货叉叉货时,货叉应尽可能深地叉入载荷下面,还要注意货叉尖不能碰到其他货物或物件。（　　）
11. 清洗叉车上的污垢、泥土和尘埃,重点部件是:货叉架及门架滑道、发电机及启动器、蓄电池电极柱、水箱、空气滤清器。（　　）

二、单选题

1. 内燃叉车的特点有（　　）。
   A. 功率大　　　　　　　　　　　B. 行驶速度慢
   C. 对路面要求高　　　　　　　　D. 结构简单
2. 下列叉车属于按结构形式划分的是（　　）。
   A. 平衡重式叉车　　　　　　　　B. 液化石油气叉车
   C. 汽油叉车　　　　　　　　　　D. 柴油叉车
3. 行驶时,货叉底端距地高度应保持（　　）cm,门架须后倾。
   A. 10～20　　　　　　　　　　　B. 20～30
   C. 30～40　　　　　　　　　　　D. 40～50
4. 新叉车或长期停止工作后的叉车,在开始使用的（　　）个星期内,对于应进行润滑的轴承,在加油润滑时,应利用新油将陈油全部挤出,并润滑两次以上。

A. 1 B. 2
C. 3 D. 4

5. 叉车( )是指叉车前后桥中心线的水平距离。
A. 轮距 B. 轴距
C. 载荷中心距 D. 制动距

三、多选题

1. 内燃叉车的特点有( )。
A. 作业效率高 B. 维修容易
C. 噪声较大 D. 爬坡能力强

2. 一般内燃叉车由发动机提供动力,主要以( )为燃料。
A. 柴油 B. 汽油
C. 液化石油气 D. 煤油

3. 常见叉车的主要部件包括( )。
A. 安全架 B. 升降架
C. 货叉架 D. 动力系统

4. 离开叉车前需要做到( )。
A. 发动机熄火 B. 拔下钥匙
C. 制动手柄拉死 D. 货架降至地面 10 cm

5. 叉车的技术参数是用来表明叉车的结构特征和工作性能的,主要技术参数包括( )。
A. 额定起重量 B. 载荷中心距
C. 门架倾角 D. 轴距及轮距

四、简答题

1. 叉车维护的基本原则有哪些?
2. 内燃叉车的主要技术参数包括哪些?

项目六 驾驶与维护电动叉车

随着人们环保意识的不断提高,电动叉车因其无污染、机动性能好、功率较大等优点,在库房内的使用中受到青睐,需求量不断增加。

通过本项目的学习与训练,能够熟悉电动叉车的类型、技术参数及选用方法;掌握电动叉车简单的维护与保养方法;会驾驶电动叉车。

任务一 认识电动叉车

任务目标

知识目标:
1. 掌握电动叉车的主要类型;
2. 熟悉电动叉车的选用方法。

能力目标:
1. 能够熟练说出电动叉车的名称;
2. 能够熟练领会电动叉车的主要技术参数。

任务实施

步骤一:了解电动叉车

电动叉车是指以电来进行作业的叉车,大多数都是蓄电池工作。蓄电池的工作原理就是把化学能转化为电能。由于电池的内部一般是22%~28%的稀硫酸,电池正放的时候,电解液可以淹没极板并且还剩下一点空间,如果把电池横放的话,会有一部分极板暴露在空气中,这对电池的极板非常不利,而且一般的电池的观察孔或者电池的顶部都有排气口与外界相通,电池横放很容易使电解液流出,所以电池最好不要横放。

步骤二：认识电动叉车的类型

电动叉车的类型如表 6-1 所示。

表 6-1 电动叉车的类型

类 型	特 点
平衡重式电动叉车(见图 6-1)	以电动机为动力，蓄电池为能源。承载能力为 1.0~4.8 t，作业通道宽度一般为 3.5~5.0 m，没有污染，噪声小
前移式电动叉车(见图 6-2)	承载能力为 1.0~2.5 t，门架可以整体前移或缩回，缩回时作业通道宽度一般为 2.7~3.2 m，提升高度最高可达 11 m 左右，常用于仓库内中等高度的堆垛、取货作业
电动托盘搬运叉车(见图 6-3)	承载能力为 1.6~3.0 t，作业通道宽度一般为 2.3~2.8 m，货叉提升高度一般在 210 mm 左右，主要用于仓库内的水平搬运及货物装卸。一般有步行式和站驾式两种操作方式
电动托盘堆垛叉车(见图 6-4)	承载能力为 1.0~1.6 t，作业通道宽度一般为 2.3~2.8 m，在结构上比电动托盘搬运叉车多了门架，货叉提升高度一般在 4.8 m 内，主要用于仓库内的货物堆垛及装卸
电动拣选叉车(见图 6-5)	不需要整托盘出货，而是按照订单拣选多种品种的货物组成一个托盘，此环节称为拣选。按照拣选货物的高度，电动拣选叉车可分为低位拣选叉车(2.5 m 内)和中高位拣选叉车(最高可达 10 m)。承载能力为 2.0~2.5 t(低位)、1.0~1.2 t(中高位，带驾驶室提升)
低位驾驶三向堆垛叉车(见图 6-6)	通常配备一个三向堆垛头，叉车不需要转向，货叉旋转就可以实现两侧的货物堆垛和取货，通道宽度为 1.5~2.0 m，提升高度可达 12 m。叉车的驾驶室始终在地面不能提升，主要用于提升高度低于 6 m 时
高位驾驶三向堆垛叉车(见图 6-7)	与低位驾驶三向堆垛叉车类似，高位驾驶三向堆垛叉车也配有一个三向堆垛头，通道宽度为 1.5~2.0 m，提升高度可达 14.5 m。其驾驶室可以提升，驾驶员可以清楚地观察到任何高度的货物，也可以进行拣选作业
电动牵引车(图 6-8)	它是由电机带动的，配置电机(按牵引力配置)自带的刹车系统——电磁刹车，配置车载电瓶、充气橡胶轮等。根据车的用途，可分为坐驾式电动牵引车、站驾式电动牵引车、迷你型牵引车、电动双驱动牵引车、手扶式电动牵引车、电动物料牵引车、全电动堆高车、平衡式电动堆高车、牵引式电动堆高车等

图 6-1 平衡重式电动叉车

图 6-2 前移式电动叉车

图6-3　电动托盘搬运叉车　　　　图6-4　电动托盘堆垛叉车

图6-5　电动拣选叉车　　　　图6-6　低位驾驶三向堆垛叉车

图6-7　高位驾驶三向堆垛叉车　　　　图6-8　电动牵引车

步骤三：电动叉车的主要技术参数与性能参数

电动叉车的技术参数是用来说明和反映叉车的结构特性和工作性能的，其主要技术参数如表6-2所示。

表 6-2 电动叉车的主要技术参数

技术参数	类 别	单 位	举例:FB16/FB16AC
	驾驶方式		坐驾
	额定载荷	Q(kg)	1 600
	载荷中心距	c(mm)	500
	前悬距	x(mm)	395
	轴距	Y(mm)	1 380
重量	自重	kg	3 050
	轴负载,满载时前/后轴	kg	4 092/558
	轴负载,空载时前/后轴	kg	1 220/1 830
尺寸	轮子尺寸(前轮)		Φ590×179
	轮子尺寸(后轮)		Φ470×137
	轮,前后数量(x = 驱动轮)		2x2/4×2
	前轮轮距	b10(mm)	890
	后轮轮距	b11(mm)	920
	门架/货叉—前/后倾角	Grad	6°～12°
	门架缩回时高度	h1(mm)	2 015
	自由提升高度	h2(mm)	0
	起升高度	h3(mm)	3 000～6 000
	作业时门架最大高度	h4(mm)	4 067
	护顶架高度(驾驶室)	h6(mm)	2 015
	座位高度/站立高度	h7(mm)	1 043
	总体长度	l1(mm)	3 205
	叉面长度	l2(mm)	2 135
	车体宽度	b1(mm)	1 100
	叉架 DIN 15173,等级/类型 A、B		2A
	叉架宽度	b3(mm)	1 088
	门架下端离地间隙	m1(mm)	105
	轴距中心离地间隙	m2(mm)	115
	通道宽度,托盘 1 000×1 200 (1200 跨货叉放置)	Ast(mm)	3 500
	通道宽度,托盘 800×1 200 (1200 沿货叉放置)	Ast(mm)	3 300
	转弯半径	Wa(mm)	1 900
	内部转弯半径	b13(mm)	850

续 表

技术参数	类 别	单 位	举例:FB16/FB16AC
性能数据	行驶速度,满载/空载	km/h	0~15
	提升速度,满载/空载	m/s	300
	下降速度,满载/空载	m/s	<600
	最大牵引力,装载/卸载	N	10 990
	最大爬坡能力,满载/空载	%	15
	加速时间,装载/卸载	s	0~3
电动机	驱动电机功率	kW	5
	提升电机功率	kW	8.2
	蓄电池电压/额定容量	V/Ah	48/450
	蓄电池重量	kg	820
其他	驱动控制方式	—	直流/交流
	工作压力	bar	17 Mpa
	流量	l/min	25.6
	驾驶员耳边噪音等级符合 DIN 12053	dB(A)	<63

拓展提升

一、如何选择电动叉车

一般在电动叉车的说明书中,会介绍叉车的车型和配置,但因不同使用环境、不同工作量,以及所搬运货物的体积的大小、货物的起升高度、通道大小、载重量大小等因素多变,决定了电动叉车的选型是一个复杂综合的工作,具体注意事项如表6-3所示。

表6-3 选择电动叉车的注意事项

序 号	注意事项	具体内容
1	工作环境	对地面的要求很高,地面平整度不能相差太大。如果是油脂、油漆地面,选择叉车时必须选购防滑型堆高车
2	作业工作量	不同的工作量选择相对匹配的蓄电池,订购时用户须加以说明,生产时可根据用户的工作量选用匹配的蓄电池。所搬运货物的大小关系到货叉的载荷中心,货叉的长短关系到叉车的承载能力,选择相对应的货叉、叉车特别重要

续 表

序　号	注意事项	具体内容
3	货物的起升高度	根据所搬运货物的高度,选择电动叉车时一般是指1.6 m内,每上升200 mm,载重量下降50 kg,以此推算
4	通道大小	通道的大小关系到电动叉车的转变半径,选购叉车时须加以说明

二、电动叉车的使用特点

(1) 在起升车辆中,叉车的机动性和牵引性能最好,充气轮胎的内燃叉车可在室内外作业,电瓶叉车则适合在室内作业。

(2) 叉车常用的起升高度在2~4 m之间,有的起升高度可达到8 m。叉车方便在车站、码头装卸货物,也可在工地和企业的车间内外搬运机件。

(3) 叉车的作业生产率在起升车辆中最高,它的行驶速度、起升速度和爬坡能力也最强,在选用起升车辆时可优先考虑。

(4) 叉车主要用于装卸作业,也可在50 m左右的距离内做搬运作业。

(5) 叉车可带各种属具,以扩大其用途。

任务二
驾驶与维护电动叉车

任务目标

知识目标：
1. 掌握电动叉车的操作步骤；
2. 熟悉电动叉车的维护与保养内容。

能力目标：
1. 能够熟练驾驶电动叉车；
2. 能够简单维护和保养电动叉车。

任务实施

步骤一：电动叉车的操作步骤

各种电动叉车的操作方法基本相同，但由于车型、构造上的差别，也都有各自的特点。因此，运行时必须按照正确的操作规范和操作顺序进行操作，否则会造成控制系统自我保护，无法正常运行。具体步骤如下：

1. 行驶前的准备工作

驾驶员在作业前，应严格按照规定要求穿戴工作服，严禁赤膊、赤足和穿高跟鞋、凉鞋进行作业，并对电动叉车做好各项技术检查工作，具体内容如表6-4所示。

表6-4 电动叉车行驶前准备工作的内容

序号	具体内容
1	蓄电池电解液的液面不得低于隔板；电解液比重应符合要求；蓄电池单体电压不得低于规定电压，电解液比重不能低于规定比重。电动叉车控制系统中有保护蓄电池寿命的功能：当仪表上电量显示出现欠压保护时，应及时充电；各电极接头应清洁和紧固
2	各电线接头应联结紧固，接触良好，熔断器和保险丝应完好，各开关及手柄应在停止位置
3	合上急停开关，打开电锁，检查仪表、灯光、喇叭等工作是否正常
4	检查转向机构，应灵活轻便
5	检查制动装置，应灵活可靠

续　表

序　号	具体内容
6	检查各部轴承及有关运转部分是否润滑良好,动作灵活
7	检查行走部分及叉车液压系统工作是否正常,特别是管路、接头、油缸、分配阀等液压元件有无漏油现象
8	检查货叉、压紧机构、横移机构、起重链、门架等应工作良好,使用可靠
9	发现故障要及时排除,绝不带故障出车

2. 起步和行驶中的工作

行车前,驾驶员应首先察看和清理现场、通道,使其适于叉车作业。起步时,正确的操作顺序如下:正确姿势坐在驾驶座椅上→合上急停开关→方向开关和加速器处在放松状态→打开电锁→松开手制动→扳好方向开关的位置→逐步轻踏加速器→鸣喇叭→缓慢起步并逐渐加速。严禁在未打开电锁时将加速器踩下超过20%,否则控制系统将出现"踏板高位"保护,叉车不能启动;当出现"操作顺序"和"踏板高位"保护故障时,关断电锁,重新按照上述正确的操作顺序执行,故障自动消除。行车时的注意事项如表6-5所示。

表6-5　电动叉车行驶时的注意事项

序　号	具体内容
1	行驶时,应逐渐加速,不允许长时间低速行驶;让车时,应空车让重车
2	行驶中严禁扳动方向开关,只有在车停稳后才能扳动方向开关换向。应尽量避免急刹车,如遇紧急情况,应迅速关断急停开关和电锁,踩下制动踏板,即刻停车
3	起步、转弯时要鸣喇叭,转弯、下坡、路面不平或通过窄通道时要减速慢行
4	在道路上行驶时,要靠右侧通行,叉车货叉应离地在300~400 mm左右,门架在后倾位置;两台车同向行驶时,前后应保持5 m以上距离
5	多台叉车在站台上行驶时,前后间距应在5 m以上。在较窄站台上同向行驶时,严禁并行,且距离站台边缘300 mm以上
6	叉车或牵引车牵引拖车时,禁止连续曲线行驶,以免大电流放电和影响安全;无论满载、空载、上坡、下坡等,严禁倒车行驶;转弯时,应减速慢行,以免货物散落,同时要注意内轮差,以防拖车刮碰内侧或驶出路外
7	拖车装载高度距车底板不超过1.5 m,两边宽度不超出拖车边沿200 mm
8	一般情况下,叉车行走电机和油泵电机尽量避免同时工作,以延长蓄电池的使用寿命
9	当蓄电池工作电压低于欠压保护时,应停止工作,及时进行充电
10	行车中如发现有异常现象,应立即停车检查,并及时排除故障;禁止货叉载人及拖车载人;严禁带故障行驶

3. 停驶后的工作

电动叉车行驶后的工作如表6-6所示。

表6-6 电动叉车行驶后的工作

序号	具体内容
1	叉车使用完毕后,应及时清洁全车,并停放在合适的地方,注意防冻、防日晒、防雨淋
2	应关闭电锁,关闭急停开关,将换向开关和灯开关关闭,将货叉落地,并将各油缸活塞杆缩入油缸内,拉上手制动
3	清洁、检查蓄电池,补充蒸馏水,检查和调整电解液比重和蓄电池电压,及时充电
4	检查液压系统的油管、接头、油缸、分配阀、油箱等是否有渗漏现象
5	做好交接班工作,完成班保养项目,特别要做好叉车安全装置的保养,掌握其完好状态

步骤二:电动叉车的维护

为了确保电动叉车的寿命、性能,要对其进行定期的检查和保养工作。电动叉车的维护保养内容如表6-7所示。

表6-7 电动叉车的维护保养内容

类型	项目	内容
日常保养	渗漏检查	各管接头、制动泵、升降油缸、水箱、发动机、变速器、驱动桥、压转向器、转向油缸等
	轮胎气压检查	不足应补充至规定值,确认不漏气。检查轮胎接地面和侧面有无破损,轮辋是否变形
	聚胺脂轮胎的检查	检查路面状况,同时看轮胎是否有较大程度的磨损,安装有花纹的轮胎时,应注意车轮滚动方向的标记
	制动液、水量检查	查看制动液是否在刻度范围内,并检查制动管路内是否混入空气。添加制动液时,防止灰尘、水混入。向水箱加水时,应使用清洁自来水,若使用了防冻液,应回流同样的防冻液。水温高于70℃时,打开水箱盖,打开盖子时,垫一块薄布,不要带套拧水箱盖
	电动叉车液压油、电解检查	先拨出机油标尺,擦净尺头后插入再拉出,检查油位是否在两刻度线之间。工作油箱内的油位应在两根刻度线之间,油太少,管路中会混入空气,太多则会从盖板溢出。电瓶电解液也同样要处在上下刻度线之间,不足则要加蒸馏水到顶线

续 表

类　型	项　目	内　容
日常保养	制动跳板、微动踏板、手制动检查	踩下各踏板,检查是否有异常迟钝或卡阻。确认电动叉车手柄的安全可靠
	皮带、喇叭、灯光、仪表等检查	检查电动叉车皮带松紧度是否符合规定,没有调整余量或破损有裂纹时,须更换;喇叭、灯光、仪表均应正常有效
	蓄电池维护	电动叉车使用中,应特别注意及时对蓄电池充电。蓄电池充电时要注意方法,既要使蓄电池充足电,又不能造成蓄电池过量充电。发现电量不足时,应尽快充电,防止蓄电池过量放电
	机油滤清器沉淀物检查	放去机油滤清器沉淀物
	各部位的坚固情况检查	货叉架支承、起重链拉紧螺丝、车轮螺钉、车轮固定销、制动转向器螺钉
	转向器维护	检查转向器的可靠性、灵活性
	清洗电动叉车上的污垢、泥土和垢埃	货叉架及门架滑道、发电机及起动器、蓄电池电极叉柱、水箱、空气滤清器
一级保养	蓄电池架	清洗蓄电池,保持清洁无杂物,保证蓄电池内硫酸浓度正常
		蓄电池接头应清洁牢固,无锈蚀现象,接线应整齐
		蓄电池架清洁,无严重锈蚀现象,涂补防锈红丹
	转向机构和制动装置	清洗各部分,保持清洁、无油污
		各加油孔应畅通,及时添加润滑油
		转向机构应灵活,并在接头中添加润滑油
		制动应安全可靠
	直流电动机的电刷部分	清扫电刷架,保持清洁,电刷压力应正常
		更换磨损的电刷
		运转时电刷架基本不冒火花
	电器触头及电路接头	电器触头接触良好
		电路接头无松动,无异常发热现象
	充电设备	清洁,保证无积灰杂物
		充电夹子安放整齐安全,弹性正常
		各电器电路保持良好接触

步骤三:电动叉车主要部件维护保养

电动叉车主要部件的维护保养具体内容如表6-8所示。

表6-8　电动叉车维护保养内容

项　目	维护保养内容
电控总成	由于电控总成的设计工作环境温度在一定范围内,所以使用本电控总成的车辆不宜在超出一定范围的环境温度(尤其是高温)下工作。如在超出环境温度下工作,低温时应预热半小时以上,高温时应注意工作一小时左右即检查散热板温度,否则电控装置会热保护
	严防城市雨水或其他液体溅入,严禁用高压水冲洗电动车辆,避免电路系统短路
	电气系统在安装时,必须保证所有接线端子和接插件连接良好,接触器触点等应经常检查,清除灰尘、油污,保证接触可靠
	在连接电机引线时,千万要注意不要接错电机电枢线和励磁线,如果接错,会烧坏控制器及电机
	定期检查全部安装点及电气连接点、紧固件的可靠性,检查各接触器触点的拉弧烧损情况,当触点严重烧损时,应及时更换接触器
	电瓶组充电时,首先把电瓶组插头与电控装置插头分开,千万注意不要将充电插头错插到电控装置的插头上,否则会烧坏电控
	须更换接触器等易损部件时,应按原型号更换,如使用代换型号,应征求专业维修人员的意见
	电控装置在出厂时,按主机厂技术要求设定了内部参数,非专业人员不得擅自变更内部参数及电路
蓄电池	蓄电池使用后,应及时充电;严禁超强度工作(过放电)、过充电、大电流充电,以及充电不足时放电。此类现象会导致电阻增大,正负极板损坏,电池容量下降,严重时会造成使用困难
	每周检查一次电解液液面,保持电解液液面高度,过高会使充电时电解液溢出,过低会使单体内部出现分层现象;液面要注意调整,过高要将多余电解液吸出,过低要及时补加补充液,以保持正常电解液高度和密度。(切忌补加电解液)
	充电时打开上盖,保持空气通畅,结束时应将上盖合上,常用清水清洁电池表面,充电应在通风的仓库内,严禁火源
	注意电池的工作环境、工作强度,防止粉尘、杂物,特别是铁落入电池内部,此类物质进入电池内部会使电池快速自放电,或者导致电池内部短路
	蓄电池在充电时有氢氧气体析出,严禁烟火接近,以防发生爆炸现象
	防止正负极柱之间搭铁,注意极柱、连接线、连接条松动现象,发现后应及时解决
	在蓄电池使用过程中,如蓄电池组中各单体蓄电池电压不均匀,即使用太频繁或正常使用的蓄电池,应每月进行一次均衡充电,即适量的过充电
	蓄电池需贮存时,应充足电,调整好电解液液面高度及密度。在贮存期间,每月须按蓄电池普通充电方法进行一次普通充电

续 表

项　　目	维护保养内容
充电机	安全事项:首次使用充电机之前,请仔细阅读随机的使用说明书;在连接使用蓄电池之前,请仔细阅读相关的蓄电池说明书。专业人员必须检查蓄电池与充电机是否匹配,并且确认电池正确连接在相匹配的充电机上。由于充电过程中会产生析气现象(易燃易爆气体),所以在充电过程中应指派专人检查。充电机内部电压会危及生命,只有专业人员才允许打开和维修充电机
	叉车司机须知:充电机应安装在通风良好、干燥、无严重粉尘、无腐蚀性气体、无强电磁场干扰的专用场所。机壳应可靠接地(箱体后下部有接地螺栓)。充电机仅适用于室内、非车载,机内严禁进水。输出线应视距离远近,选用适合的电缆。机器使用时,要距周边影响其通风散热的墙体等障碍物一定距离,要定期检查风机是否运转正常。切勿做连续性充电连续对多个电瓶充电将导致充电机过热或损坏。充电机在充电后应休息一小时,方可再次使用
	充电方法:先将电池电缆插头可靠地连接到相应的充电机输出插头上,再将充电机输入插头接上交流电源,后启动充电。结束充电的操作顺序刚好相反。若将充电机输出插头错插在电动车的电控端插头上,充电机将无法充电,屏幕"电池"指示灯亮,应马上予以更正
	充电启动:充电机接通交流电源,合上电源空气开关,通电后机器自启动充电,电源指示灯亮,充电机进入自动检测状态,屏幕数字显示当前系统版本、可充电池电压、当前蓄电池电压、充电电流最大值等信息。检测过程完毕后,充电机进入正式充电程序开始充电。当显示屏"充满"指示灯亮时,表示蓄电池已充满,充电机进入自动浮充电状态,应经常检查电池的液面高度,及时按规定补充蒸馏水
	均衡充电:蓄电池组使用一段时间后,各电池之间的性能参数会有差异,需进行均衡(恒流)充电。 (注意:在均衡充电状态下,充电机输出电流连续且不停机,充电时必须按蓄电池说明书的要求对电池进行电压及比重的检查,并可根据需要决定均衡充电时间,由工人操作关机,停止充电。关机后再按一下"均衡"功能键,将充电机恢复到正常充电状态)
	停止充电:断开电源开关,再拔掉充电机输入电源,最后将充电机输出电缆插头与电池端插头断开,就完成了全部充电过程

应用训练

对学生进行场内驾驶训练,然后予以考核。
按正反库顺序练习,注意时间与操作规范。
具体操作规范:
(1) 车辆严格按规定路线行驶;
(2) 起步要鸣号,起步和转向时都要打转向灯;
(3) 行驶中不准碰桩,发动机不得无故熄火;
(4) 行驶中和停车后,车辆任何部分都不能出线和压线;
(5) 装卸货盘时,门架要垂直,拉手刹,挂空挡;

(6) 操作要平稳,不得碰撞和推移货盘,叉载时叉齿必须完全进入货盘,卸载时货盘必须放置在画线范围内并且堆叠要整齐;

(7) 行驶中,货盘离地面 300～400 mm,门架要略往后倾,不得边行驶边调整货叉高度和角度;

(8) 不得原地打方向盘和长时间半联动行车;

(9) 车没停稳不得反向起步;

(10) 倒车时,必须向后瞭望,确定安全后再倒车;

(11) 动作要规范,操作要熟练准确,不得有明显的失误;

(12) 整个操作过程要连贯,中途不得无故停顿、反复操作和调整;

(13) 行驶中,车轮不得频繁左摇右摆,不得车速过高而造成单边车轮离地;

(14) 行驶中,双手不准同时离开方向盘;

(15) 操作完成后,整车必须停在车库内,挂空挡,拉手刹,货叉水平落地,并鸣号示意;

(16) 听从指挥,不得有违规违纪行为。

拓展提升

一、叉车作业中应遵守"八不准"

(1) 不准单叉作业。

(2) 不准将货物升高长距离行驶。

(3) 不准用货叉挑翻货盘的方法取货。

(4) 不准用货叉直接铲运化学药品、易燃品等危化品。

(5) 不准用惯性力取货。

(6) 不准用制动性力流放圆形或易滚物品。

(7) 不准在货盘或货叉上带人作业,货叉升起后,货叉下严禁站人。

(8) 不准在斜坡路面上横向行驶。

二、电动叉车操作注意事项

电动叉车操作注意事项,具体内容如表 6-9 所示。

表 6-9 电动叉车操作注意事项

注意事项	具体内容
驾驶人员	电动叉车必须由已经经过电动叉车操作培训的人员来操作,并且通过安全生产监督部门的考核,取得特种操作证。能对使用者进行有关移动和操纵货物的操作演示,同时熟知有关操作说明书的内容。如果使用的电动叉车是步行控制式的(如步行平衡重式叉车、半电动堆高车、半电动搬运车),则驾驶人员在操作时还必须穿安全鞋。同时能明确地指导使用者如何操作电动叉车,严禁无证操作、酒后驾驶,行驶中不得饮食、闲谈、打电话和讲对讲机,严禁用叉车来运输或提升人员

续 表

注意事项	具体内容
故障和缺陷	电动叉车出现故障或缺陷必须马上通知管理人员。如果电动叉车不能安全地操作(如轮子磨损或刹车故障),务必要停止使用,直到完全修理好
修理	没有经过专业培训和明确的授权,不允许驾驶人员对电动叉车进行任何的修理或更改。驾驶人员绝不能更改开关、安全装置的安装位置,否则会使工作效率降低
危险区域	危险区域通常是指以下范围:电动叉车或它的载荷提升装置(如货叉或附件)在运行或升降动作时对人员的危险,或正在进行运输载荷的区域。通常这个范围延伸至载荷降落或车辆附件降落的区域
安全装置和警告标志	安全装置、警告标志以及在操作说明书前面介绍的警告注意事项必须引起足够的重视

基础练习

一、判断题

1. 电动叉车对地面的要求很高,地面平整度不能相差太大。（　　）

2. 在起升车辆中,叉车的机动性和牵引性能最好,充气轮胎的内燃叉车可在室内外作业,电瓶叉车则适合在室外作业。（　　）

3. 叉车的作业生产率在起升车辆中最高,它的行驶速度、起升速度和爬坡能力也最强,在选用起升车辆时可优先考虑。（　　）

4. 驾驶员在作业前,应严格按照规定要求穿戴工作服,严禁赤膊、赤足和穿高跟鞋、凉鞋进行叉车作业。（　　）

5. 操作完成后,整车必须停在车库内,挂空挡,拉手刹,货叉水平落地,并鸣号示意。（　　）

6. 充电机应安装在通风良好、干燥、无严重粉尘、无腐蚀性气体、无强电磁场干扰的专用场所。（　　）

二、单选题

1. 平衡重式电动叉车的作业通道宽度一般为(　　)m。
   A. 1.5～3.5　　　　B. 2.5～4.0　　　　C. 3.5～5.0　　　　D. 4.0～5.0

2. 行驶时,货叉底端距地高度应保持(　　)cm,门架须后倾。
   A. 10～20　　　　B. 20～30　　　　C. 30～40　　　　D. 40～50

3. 装卸货盘时,门架要垂直,拉手刹,挂(　　)。
   A. 空挡　　　　　B. 前进挡　　　　C. 后退挡　　　　D. 均可

4. 电瓶叉车停止充电要进行以下操作：① 断开电源开关；② 拔掉充电机输入电源；③ 将充电机输出电缆插头与电池端插头断开。正确的操作顺序是(　　)。

A. ①②③　　　　B. ②①③　　　　C. ①③②　　　　D. ③②①

三、多选题

1. 下列属于叉车作业中应遵守的"八不准"的是(　　)。

A. 不准单叉作业　　　　　　　　B. 不准用惯性力取货

C. 不准在斜坡路面上横向行驶　　D. 不准将货物升高长距离行驶

2. 下列属于电动叉车行驶后工作的是(　　)。

A. 应关闭电锁，关闭急停开关

B. 货叉离落地 10~20 cm，并拉上手制动

C. 清洁、检查蓄电池，补充蒸馏水

D. 停放在合适地方，注意防冻、防日晒

四、简答题

1. 简述电瓶叉车正确的起步操作步骤。
2. 叉车作业中应遵守的"八不准"一般指的是什么？

项目七
操作与维护堆高车

堆高车是指对成件托盘货物进行装卸、堆高、堆垛和短距离运输作业的各种轮式搬运车辆。它可广泛应用于石油、化工、制药、轻纺、军工、油漆、颜料、煤炭等工业,以及港口、铁路、货场、仓库等含有爆炸性混合物的场所,并可进入船舱、车厢和集装箱内进行托盘货物的装卸、堆码和搬运作业。

通过本项目的学习与训练,能够了解常用堆高车的结构、功能及技术参数,掌握常见堆高车的操作及简单维护方法。

任务一 操作堆高车

任务目标

知识目标:
1. 掌握堆高车的操作规程;
2. 熟悉堆高车的结构、类型、技术参数。

能力目标:
1. 说出堆高车的组成及各部件功能;
2. 熟练操作堆高车。

任务实施

步骤一:认识堆高车

堆高车(见图 7-1)是指对成件托盘货物进行装卸、堆高、堆垛和短距离运输作业的各种轮式搬运车辆,其主要类型如表 7-1 所示,常见堆高车的分类如表 7-2 所示。

全电动堆高车 　　半电动堆高车

手动液压堆高车 　　托盘式堆高车

宽支腿堆高车 　　平衡重式堆高车

前移式堆高车 　　全不锈钢堆高车

防爆堆高车 　　侧移堆高车　　独柱式堆高车

图 7-1　堆高车

表 7-1 堆高车的类型

类 型		定 义
手动液压堆高车		手动液压堆高车是一种无污染、无动力的装卸产品
电动堆高车	全电动堆高车	电动堆高车是以蓄电池电力作为能源,电机作为动力源的一种仓储设备
	半电动堆高车	

表 7-2 常见堆高车的分类

类 型	特 点
托盘式堆高车	堆高车前有底腿,适用于国标单面托盘或不用托盘的货物装卸转运
宽支腿堆高车	堆高车前底腿做宽,一般内宽为 550/680 mm,宽支腿的可做到 1 200/1 500 mm,可装卸双面托盘(双面托盘长度不足内宽,限于其内)。优点:价格适中,可解决双面托盘或某些特殊货物的要求
平衡重式堆高车	堆高车前无底腿,堆高车后加配重块,货叉可适量前倾与后倾,以保证铲货后水平。优点:适用面广,类似于传统的内燃式叉车;缺点:整车过重过长,对通道距离要求比较高,且价格较高
前移式堆高车	基本方面与平衡重式堆高车类似,无前底腿,有配重,不同点是该车的货叉与门架可向后向前移动一定距离,一般为 560 mm,这样可适量缩短堆高车长度,对通道要求有一定缓解。价格与平衡重式堆高车类似
全不锈钢堆高车	整车以不锈钢为材料制作,适用于对环境卫生要求较高的场所
防爆堆高车	属特殊车型,有强制生产许可要求,适用于安全要求较高的地方,价格高昂,技术要求较高,有防爆等级标识。
侧移堆高车	堆高车的货叉安装在侧面,侧面进行装卸作业,主要用于通道过小的场合。该车一般生产方式是加装侧移属具,但正规生产方式是一体化侧移货叉。
独柱式堆高车	在传统门架升降的形式下,改为独杆升降,使升降速度不受两边平行限制,稳定匀速。传动方式也从链条式改为皮带式拉动,使之均匀升降

步骤二:操作堆高车

1. 设备准备

(1) 用前检查。各螺栓紧固可靠,无缺失、松动现象;链条完整,润滑良好,链片无损坏、扭曲现象;提升导向轮润滑,紧固可靠,无磨损、裂缝现象;各运动部位润滑良好,如出现磨损情况,应及时调整、维修。

(2) 关闭卸荷阀,上下摇动手把(或上下踩踏脚踏把),此时链条带动货叉缓缓起升。

(3) 打开卸荷阀,油缸内的压力油回流到油箱内,活塞杆下降,货叉部件靠自重应能自然下降到底部(自然下降速度的快慢可通过卸荷阀的开度的大小进行控制)。

(4) 运行中注意是否平稳,若发现卡滞、杂音、不动作等异常情况,应及时调整、维修。

2. 行驶

车辆行驶以前,应检查刹车和泵站的工作状况,并确保蓄电池被完全充电。双手握住操纵手柄,用力使车辆慢慢向工作货物行驶,如果要停车,可用手刹制动或脚刹使车辆停止。

3. 载物

(1) 把堆高车移近重物的正前方。

(2) 把货叉升到低于重物底面的适当高度。

(3) 向前移动堆高车,使货叉伸到重物的下方。

(4) 起升货叉,直到装上重物。

(5) 堆高车连同重物一起后移,直至货叉具有下降空间。

(6) 慢慢降低重物至适当高度。

4. 卸货

(1) 在货叉低位的情况下与货架保持垂直,小心接近货架,然后插入货盘底部。

(2) 回退堆垛车,让货叉移出货盘。

(3) 升起货叉到达要求的高度,慢慢移动到待卸货盘处,同时确保货叉容易进入货盘并且货物处在货叉的安全位置上。

(4) 提升货叉直到货盘从货架上被抬起。

(5) 在通道中慢慢后退。

(6) 缓慢放低货物,同时确保货叉在降低过程中不接触障碍。

5. 堆垛

(1) 保持货物低位,小心接近货架。

(2) 提升货物到货架平面的上方。

(3) 慢慢向前移动,当货物处在货架上方时停止,在这个点上放下货盘,并注意货叉不给货物底下的货架施力,确保货物处在安全位置上。

(4) 缓慢回退并确保货盘在牢固的位置上。

(5) 放低货叉到堆垛车可以行驶的位置。

6. 设备归位

(1) 双手握住操纵手柄,并锁好堆高车。

(2) 停放好货物后,双手握住舵柄,将搬运车货叉从托盘槽内向后拉出,使车辆慢慢向设备存放区行驶,可用手刹制动或脚刹使车辆停车,之后90°旋转舵柄,锁好手动搬运车。

应用训练

在教师的指导下,在实训室组织一次堆高车操作比赛,然后予以考核。

拓展提升

一、选购堆高车需要考虑的因素

1. 作业功能

堆高车的基本作业功能分为水平搬运、堆垛/取货、装货/卸货、拣选。特殊的作业功能会影响到堆高车的具体配置,若搬运的是纸卷、铁水等,需要堆高车安装属具来完成。

2. 作业要求

堆高车的作业要求包括托盘或货物规格、提升高度、作业通道宽度、爬坡度等一般要求,同时还需要考虑作业习惯(如习惯坐驾还是站驾)、作业效率(不同的车型其效率不同)等方面。

3. 作业环境

(1) 如果企业需要搬运的货物或仓库环境对噪声或尾气排放等环保方面有要求,在选择车型和配置时应有所考虑。

(2) 若是在冷库中或是在有防爆要求的环境中作业,堆高车的配置应该是冷库型或防爆型的。

(3) 仔细考察叉车作业时需要经过的地点,设想可能的问题。例如,出入库时,门高对堆高车是否有影响;进出电梯时,电梯高度和承载对堆高车是否有影响;在楼上作业时,楼面承载是否达到相应要求;等等。

另外,不同的车型工作效率不同,且不同车型所需的通道宽度不同,提升能力也有差异,会导致叉车数量、司机数量和仓库布局发生变化。

二、堆高车的操作注意事项

在操作堆高车时必须注重安全,其注意事项如表 7-3 所示。

表 7-3 堆高车的操作注意事项

序 号	注意事项
1	起重前必须了解货物的重量,货重不得超过叉车的额定起重量
2	起重包装货物时应注意货物包扎是否牢固
3	根据货物大小尺寸调整货叉间距,使货架货物均匀分布在两叉之间,避免偏载

续 表

序 号	注意事项
4	货物装入货叉后,尽可能将货物降低,然后方可行驶
5	升降货物时一般应在垂直位置进行
6	在进行人工装卸时,必须使用手制动,使货叉稳定
7	行走与提升不允许同时操作

任务二
维护堆高车

任务目标

知识目标:
1. 掌握堆高车的维护与保养内容;
2. 清楚堆高车的常见故障及解决办法。

能力目标:
1. 能够进行堆高车的日常维护;
2. 会排除堆高车的常见故障。

任务实施

步骤一:制订周期性维护保养计划

为了确保堆高车机件的寿命、性能,要对其进行定期的检查和保养工作。周期性维护保养内容如表7-4所示。

表7-4 周期性维护保养内容

类 型	维护保养内容	周 期
日常保养	保持车身表面清洁,将蓄电池表面清理干净,检查电源线是否牢固,链条松紧是否正常	建议每天
一级保养	检查各部件工作情况是否正常,各紧固件是否有松动,链条松紧是否适当,链条接头连接销是否弯扭,内、外门架上下运动是否正常,液压接头是否漏油,机械部分是否有不正常的磨损,电器部分是否有不正常的温升和火花等	建议每周
二级保养	对本车进行全面检查	按期进行

步骤二:堆高车的维护保养内容

电动堆高车的效率、寿命及安全取决于日常的维护保养。检查维护电机应在断电下进行,其具体内容如表7-5所示。

表7-5 堆高车维护内容

项　目	维护内容
电机的维护	每三个月用250 V兆欧表测量电动机冷态绝缘电阻,其阻值应大于0.5 MΩ,如阻值小于0.5 MΩ,应进行干燥处理
	检查电机出线的连接线是否正确、牢固
	检查换向片间是否清洁,电刷在刷盒内应滑动自如
	检查所有紧固件是否紧固
	每三个月对电刷磨损情况做一次检查,酌情更换电刷
	每年做一次电机的全面维护
电机的保养	为保证电池寿命,电池投入使用前应充足电,充电不足的电池不可使用
	电池尽量避免过充和过放。电池过充和过放会严重影响电池性能和寿命
	电池液孔塞和气盖应保持清洁,充电时取下或打开,充电完毕应装上或闭合。电池表面、连接线及螺钉应保持清洁、干燥。如有硫酸,用棉纱蘸上碱液擦去,应注意不要让碱液进入电池内
	充电完成后,应检查电池液位,及时补加蒸馏水以保持液面高度。正常情况下严禁补加稀硫酸
	电池使用后,应及时充电,放置时间一般不超过24小时
	电池充电时,应保持良好的通风,严禁烟火
	电池不用时,贮存期满一个月须按普通充电方法进行一次补充电
	电池应避免阳光直射,离热源距离不得少于2 m
	避免与任何液体和有害物质接触,任何金属杂质不得掉入电池内
	电池进行均衡充电：正常使用的电池每三个月充一次；长时间搁置未使用的电池；电池组中存在"落后电池"(落后电池是指充放电过程中的电压值低于其他电池或因故障检修过的电池)

步骤三:解决常见故障

常见故障的解决办法如表7-6所示。

表7-6 常见故障的解决办法

故　障	故障原因	解决方法
堆高车驱动轮速度明显降低或驱动电机严重过载	电池电压太低或桩头接触电阻太大	检查堆高车负载时电池端电压或清洗桩头
	电机换向器片间积碳引起片间短路	清理换向器
	电机制动器调整不当而使电机带制动运行	调整制动器间隙
	驱动头齿轮箱及轴承缺少润滑或底座卡阻	检查清洗并重新加注润滑油,清除卡阻现象
	电机电枢短路	更换新电机

续 表

故　障	故障原因	解决方法
堆高车起重无力或不能起重	齿轮泵与泵提磨损过度	更换磨损的齿轮泵或泵提
	换向阀内的溢流阀高压不当	重新调整
	油压管路漏油	检查并修复
	液压油油温过度	更换不合格的液压油并检查油温度升高的原因
	门架滑架存在卡阻现象	检查并调整
	油泵电机转速过低	检查电机并排除故障
堆高车门架自动倾斜困难或动作不够流畅	倾斜油缸壁与密封圈过度磨损	更换O型密封圈或油缸
	换向阀内阀杆弹簧失效	更换合格弹簧
	活塞卡住缸壁或活塞杆弯曲	更换损坏件
	倾斜油缸内积垢过多或密封件过于压紧	清洗调整
油泵压力不足或速度过慢	泵盖槽内密封圈损坏,内漏过多	更换
	齿轮磨损	更换油泵
	油泵电机转速降低	检查整流子,清除片间积碳,调整碳刷位置
	管道中有异物堵塞	检查清洗
电器运作不正常	电器盒内微动开关损坏或位置调整不当	更换微动开关,重新调整位置
	主电路保险丝或控制电器保险丝熔断	更换同型号保险丝
	电池电压过低	重新充电
	接触器触点烧毛,或污物太多造成接触不良	修理触点,调整或更换接触器
	触点不动作	检查接触器线圈有无断路或更换接触器

应用训练

1. 使用堆高车进行商品上架操作。
2. 让学生自己寻找实训室有故障待报废堆高车的故障点,然后予以考核。

基础练习

一、判断题

1. 堆高车是指对成件托盘货物进行装卸、堆高、堆垛和短距离运输作业的各种轮式装卸车辆。（　　）

2. 堆高车适用于狭窄通道和有限空间内的作业,是高架仓库、车间装卸托盘化的理想设备。（　　）

3. 电动堆高车是以蓄电池电力作为能源,电机作为动力源的一种仓储设备。（　　）

4. 堆高车使用时若速度不高,行走与提升可以同时操作,以提升作业效率。（　　）

二、单选题

1. 平衡重式电动叉车的作业通道宽度一般为(　　)m。
   A. 1.5～3.5　　　　　　　　　B. 2.5～4.0
   C. 3.5～5.0　　　　　　　　　D. 4.0～5.0

2. 使用堆高车进行载物,正确的顺序是(　　)。

① 把堆高车移近重物的正前方;② 把货叉升到低于重物底面的适当高度;③ 向前移动堆高车,使货叉伸到重物的下方;④ 起升货叉,直到装上重物;⑤ 堆高车连同重物一起后移,直至货叉具有下降空间;⑥ 慢慢降低重物至适当高度。
   A. ①②③④⑤⑥　　　　　　　B. ①②④③⑤⑥
   C. ①②④⑤③⑥　　　　　　　D. ①②③⑤④⑥

三、多选题

1. 堆高车具有(　　)等特点。
   A. 结构简单　　　　　　　　　B. 操控灵活
   C. 微动性好　　　　　　　　　D. 防爆安全性能低

四、简答题

1. 选购堆高车需要考虑哪些因素?
2. 简述堆高车的操作注意事项。

项目八

操作与维护手动液压搬运车

手动液压搬运车是需手动起搬运货物作用的物流搬运设备,小体积液压装置,操作简单,使用方便。它是托盘运输工具中最简便、最有效、最常见的装卸、搬运工具,广泛应用于物流、仓库、工厂、医院、学校、商场、机场、体育场馆、车站机场等。

通过本项目的学习与训练,能够了解常用手动液压搬运车结构、功能及技术参数,掌握常见手动液压搬运车的操作及简单维护方法。

任务一 操作手动液压搬运车

任务目标

知识目标:
1. 掌握手动液压搬运车的操作规程;
2. 熟悉手动液压搬运车的结构、类型、技术参数。

能力目标:
1. 说出手动液压搬运车的组成及各部件功能;
2. 熟练操作手动液压搬运车。

任务实施

步骤一:认识手动液压搬运车

搬运车是指起搬运货物作用的物流搬运设备(见图8-1)。搬运车又叫托盘车,主要类型如表8-1所示。

表 8-1 搬运车的类型

类 型	举 例
手动搬运车	手动液压搬运车、高起升剪式搬运车、电子秤搬运车、手工托盘搬运车等
全电动搬运车	全电动搬运车、全电动托盘车、电动托盘搬运车等
半电动搬运车	半电动搬运车、半电动托盘车等

高起升剪式搬运车 　　　手动液压搬运车

手动电子称搬运车 　　　半电动托盘搬运车

电子秤托盘液压搬运车 　　电动托盘搬运车

图 8-1　搬运车

图 8-2　手动液压搬运车

手动液压搬运车(见图 8-2)是需手动起搬运货物作用的物流搬运设备,主要适用于一些需要水平搬运、低频率和相对低起升堆垛的小型堆垛货物的场合。其手动液压搬运车的承载能力基本在 1.0～5.0 t,作业通道宽度一般为 2.3～2.8 m。

手动液压搬运车具有提升、搬运、放下三大功能。它是托盘运输工具中最简便、最有效、最常见的装卸、搬运工具,广泛应用于物流、仓库、工厂、医院、学校、商场、机场、体育场馆、车站机场等。

步骤二：了解手动液压搬运车的操作装置

手动液压搬运车在使用时将其承载的货叉插入托盘孔内,由能力驱动液压系统来实现托盘货物的起升和下降,并由人力拉动完成搬运作业。它是托盘运输工具中最简便、最有效、最常见的装卸、搬运工具。各部分具体名称如图 8-3 所示。

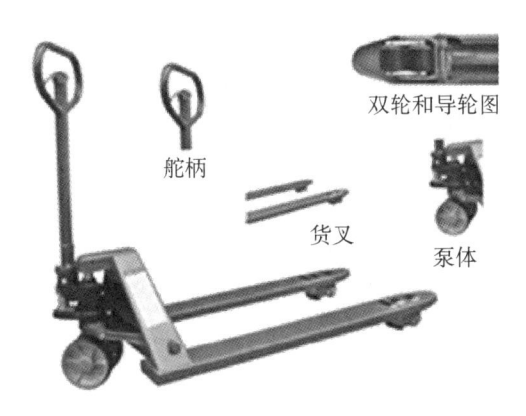

图 8-3 手动液压搬运车的操作装置

步骤三：操作手动液压搬运车

1. 取出设备

直接从设备存放区取出手动液压搬运车。在手动搬运车处于图 8-4 所示的初始状态时,用双手握住手柄将其顺时针转动 90°,然后下压手柄,使其与地面成一定角度后用力拉出,沿通道路线行驶。在行走过程中,应单手握手柄拉动手动液压搬运车,且身体面向前面,目视前方,如图 8-5 所示。

图 8-4 下压手柄　　图 8-5 行走中的姿势

2. 叉取货物

从设备存放区取出手动液压搬运车至货物存放位置后停放好设备,再用货叉叉取托盘货物。

（1）将货叉推入托盘槽内,手柄应与地面或货叉保持垂直。同时,手臂伸直,两手同时抓住手柄的两端(见图8-6)。将手动搬运车面向托盘槽停放,保持舵柄与地面或货叉垂直,手臂延伸,将货叉推入托盘槽内。

（2）将舵柄下压启动液压设备(见图8-7)。

（3）身体后退,双手握紧舵柄下压,反复上下摇动,使所叉取的货物托盘底部上升至与地面无摩擦距离后即可移动(见图8-8)。在拉动手动液压搬运车前,需将手柄恢复至初始位置(见图8-9)。

图8-6 叉取托盘货物 　　图8-7 开启舵柄

图8-8 起升货叉 　　图8-9 恢复手柄

3. 搬运货物

叉取货物托盘后,沿指定路线,将货物托盘拉至货物存放区。拉动手动液压搬运车时,身体应向前,目视前方,并始终用单手拉动搬运车舵柄。

4. 停放货物

按指定路线到达货物存放区后,调整搬运车货叉位置,将托盘货物卸载。之后向上拉起手柄,释放液压压力,将货物托盘放至地面。

5. 设备归位

停放好货物后,双手握住舵柄,将搬运车货叉从托盘槽内向后拉出,再将手动液压搬运车放回至设备存放区,之后90°旋转舵柄,锁好手动液压搬运车。

应用训练

在教师的指导下,在实训室组织一次手动液压搬运车的操作比赛,然后予以考核。

拓展提升

一、手动液压搬运车的功能

手动液压搬运车根据人机工程原理设计的控制方式使得所有的操作都十分舒适,主要适用于一些需要水平搬运、低频率和相对低起升堆垛的小型堆垛货物的场合,同其他机动叉车种类相比,具有结构简单、使用轻便、价格相对便宜等优点。用户可以根据不同的工况需求选择最适合型号。手动液压搬运车的承载能力基本在 1.0~5.0 t,作业通道宽度一般为 2.3~2.8 m。

二、手动液压搬运车的主要技术参数

手动液压搬运车的主要技术参数如表 8-2 所示。

表 8-2 手动液压搬运车的技术参数

类 别	常见参数	含 义	举例:诺力牌(AC20)
主要性能参数	额定负载 Q(kg)	货物重心位于货叉中心距范围以内时,允许液压托盘搬运车举起的最大重量	2 000
	货叉最低高度 h(mm)	货叉空降降落至最低位置,从叉面至地面的垂直距离	85
	货叉最高高度 $h1$(mm)	货叉满载起升至最高位置,从叉面至地面的垂直距离	200
	转向轮直径(mm)	货叉尾部下方的转向叉轮直径	200
	叉轮直径(mm)	货叉尖顶下方的叉轮直径	82
	货叉总宽度 B(mm)	两条货叉最外缘的距离	450
	货叉长度 l(mm)	货叉尖顶至斜面角的水平距离	800

任务二
维护手动液压搬运车

任务目标

知识目标：

1. 掌握手动液压搬运车的维护与保养内容；
2. 清楚手动液压搬运车的常见故障及解决办法。

能力目标：

1. 能够进行手动液压搬运车的日常维护；
2. 会排除手动液压搬运车的常见故障。

任务实施

步骤一：制订周期性维护计划

（1）选择周期性维护方法：周期性维护工作包括清洁、紧固、检查及更换等措施。

（2）确定维护周期：维护周期以周期性维护保养中的具体周期为依据。

（3）指定维护责任人：设备的周期性维护由操作人员和机修人员共同完成，操作人员协助机修人员完成设备部件的清洁、检查、润滑及更换等工作。

（4）确定周期性维护内容：周期性维护内容如表8-3所示。

表8-3 周期性维护内容

序号	部件（部位）	维护内容	周期
1	轮子和芯轴	清除轮子和轴芯上的线、破布等	建议每天
2	货叉	卸下货叉上的货物后，货叉降到最低位置	建议每天
3	传动部件	添加润滑油脂	建议7天
4	车轮轴承	添加润滑油脂	建议15天
5	液压油缸	添加液压油	建议6个月

步骤二：解决常见故障

常见故障的解决办法如表8-4所示。

表 8-4 常见故障的解决办法

故　障	故障原因	解决方法
货叉升不到最高高度	液压油不够	加注液压油
货叉不能升起	没有液压油	加注液压油
	液压油不纯	更换液压油
	调整螺母太高或调整螺钉太紧导致释放阀打开	调整螺母或螺钉
	液压油中有空气	排出空气
叉架不能下降	由于货物的放置偏向一边或超载,使得大活塞或油泵体受到损坏	更换大活塞或油泵体
	叉架处于升高位置很长一段时间,使大活塞暴露而生锈,阻碍活塞运动	不使用时要把叉架降到最低位置,注意及时润滑活塞杆
	调整螺母或调整螺钉不在正确位置	调整螺母或螺钉
漏油	密封件老化或受损	换新
	一些部件破裂	换新
货叉自降	液压油的不纯导致释放阀不能关紧	换油
	液压系统的某些部件破裂或损坏	检查并换新
	空气混入液压油中	排出空气
蓄电池不能充电	密封件老化或受损	换新
	调整螺母或调整螺钉不在正确位置	调整螺母或螺钉

步骤三:知晓维护中异常情况处理流程

在设备的点检、使用和周期性维护保养过程中发现设备部件或功能异常时,应由组长或车间主任根据异常情况做出初步判断,并联系机修人员进行维修。设备维修后,相关维修负责人应及时填写"设备维修保养记录"。若遇到维修不了的情况,及时联系设备管理员,由厂家进行维修。

应用训练

根据学校实训中心存在故障的手动液压搬运车,让学生自己指出故障点,提出出现故障的原因及解决办法,然后予以考核。

基础练习

一、判断题

1. 在手动液压搬运车处于初始状态时,用双手握住手柄将其顺时针转动 90°,然

后下压手柄,使其与地面成一定角度后用力拉出,沿通道路线行驶。（　　）

2. 拉动手动液压搬运车时,应身体向后目视货物,防止货物散落,并始终用单手拉动搬运车舵柄。（　　）

3. 按指定路线到达货物存放区后,调整搬运车货叉位置,将托盘货物卸载。之后向下压起手柄,释放液压压力,将货物托盘放至地面。（　　）

4. 手动液压搬运货叉升不到最高高度,主要是液压油不够,应加注液压油。（　　）

二、单选题

1. 手动液压搬运车是需手动起搬运货物作用的物流搬运设备,作业通道宽度一般为(　　)m。
A. 1.0～2.0　　　B. 1.0～2.5　　　C. 2.3～2.8　　　D. 2.5～4.0

2. 手动液压搬运车是需手动起搬运货物作用的物流搬运设备,主承载能力基本在(　　)t。
A. 1.0～3.0　　　B. 1.0～4.0　　　C. 1.0～5.0　　　D. 2.0～10.0

3. 停放好货物后,双手握住舵柄,将搬运车货叉从托盘槽内向后拉出,再将手动液压搬运车放回至设备存放区,之后(　　)旋转舵柄,锁好手动液压搬运车。
A. 45°　　　B. 60°　　　C. 90°　　　D. 180°

4. 手动液压搬运车的技术参数中货叉总宽度指的是(　　)。
A. 两条货叉最外缘的距离　　　B. 两条货叉最内缘的距离
C. 货叉尖顶至斜面角的水平距离　　　D. 货叉尖顶下方的叉轮直径

5. 手动液压搬运车的液压油缸维护主要是添加液压油,周期一般为(　　)个月。
A. 1　　　B. 2　　　C. 3　　　D. 6

三、多选题

1. 手动液压搬运车具有(　　)特点。
A. 体积小　　　　　　　　B. 操作简单
C. 使用方便　　　　　　　D. 维修率高

2. 搬运车的常见类型有(　　)。
A. 手动搬运车　　　　　　B. 全电动搬运车
C. 半电动搬运车　　　　　D. 智能电动搬运车

3. 手动液压搬运车主要适用于(　　)的场合。
A. 高频率　　　　　　　　B. 低起升堆垛
C. 小型堆垛货物　　　　　D. 水平搬运

4. 手动液压搬运车的操作装置主要包括(　　)。
A. 舵柄　　　B. 货叉　　　C. 液压装置　　　D. 导轮

5. 手动液压搬运车的技术参数主要包括(　　)。
A. 额定负载　　　B. 转向轮直径　　　C. 货叉最低高度　　　D. 货叉厚度
6. 手动液压搬运车的周期性维护方法主要包括(　　)。
A. 清洁　　　　　B. 紧固　　　　　　C. 设计　　　　　　　D. 更换

四、简答题

1. 手动液压搬运车的常见故障有哪些？
2. 手动液压搬运车的周期性维护内容有哪些？

项目九 操作与维护输送设备

连续输送机械是指能在一个区间内连续搬运物料的物流搬运设备。由于连续运输机械能在规定时空内连续输送大量货物,搬运效率高且成本低,搬运时间能够比较准确地控制,货流稳定,因而被广泛用于现代散货和小件杂货物流系统中。它不仅是生产加工过程中组成机械化、自动化、智能化、连续化的流水线作业运输线中不可缺少的组成部分,也是物流多环节装卸转运的基本设备。

通过本项目的学习与训练,能够了解常用的连续输送机械的结构、功能及技术参数,掌握常见的连续输送机械的操作及简单维护方法。

任务一 操作输送设备

任务目标

知识目标:
1. 掌握常用的连续输送机械的操作规程;
2. 熟悉常用的连续输送机械的结构、类型、技术参数。

能力目标:
1. 说出常用的连续输送机械的组成及各部件功能;
2. 熟练操作常用的连续输送机械。

任务实施

步骤一:认识连续输送机械

连续输送机械(见图9-1)是以连续、均匀、稳定的输送方式,沿着一定的线路搬运或输送散状物料和成件物品的机械装置,简称输送机械,主要类型如表 9-1 所示。

带式输送机 　　　　　　斗式输送机

辊子输送机 　　　　　　链式输送机

螺旋式输送机 　　　　　悬挂式输送机

振动式输送机

图 9-1　输送机械

表 9-1　连续输送机械的类型

分类标准	类　型	内　容
按安装方式划分	固定式输送机	主要用于固定输送场合,如专用码头、仓库、工厂专用生产线等,具有输送量大、效率高、单位电耗低等特点
	移动式输送机	指可以移动的输送机,具有机动性强、利用率高和调度灵活等特点,主要适用于输送量不太大、输送距离不长的中小型仓库

续 表

分类标准	类 型	内 容
按结构特点划分	有挠性构件的输送机	牵引构件是一个往复循环的封闭系统,如带式、链式等
	无挠性构件的输送机	利用工作构件的旋转运动或振动,使物料向一定方向输送,构件不具有往复循环形式,如螺旋输送机、振动输送机等
按输送对象划分	散料输送机	输送各种散装物料的输送机
	成件输送机	输送成件物品的输送机
	通用输送机	输送各种物料的输送机
按采用原动力划分	动力式	靠电动进行输送物料的输送机
	无动力式	靠物料自重惯性或人工推力进行输送物料的输送机
按输送物体的形式划分	固体物料输送机械与设备	输送各种固体物料的输送机,如带式输送机、螺旋式输送机、刮板输送机、斗式提升机、气力输送装置
	流体输送装置	输送各种液体物料的输送机,如真空吸料装置、液料泵

步骤二：了解常用的连续输送机械

常用的连续输送机械的比较如表9-2所示。

表9-2　常用的连续输送机械的比较

常用类型	主要部件	工作原理	特 点
带式输送机	驱动装置、滚筒、输送带、托辊、张紧装置、清扫器、机架、溜槽（料斗）、导料板、制动器、逆止器等	输送带既是承载货物的承载构件,又是传递牵引力的牵引构件,依靠输送带与滚筒之间的磨擦力平稳地进行驱动	主要应用于水平方向或坡度不大的倾斜方向连续输送散粒货物,也可用于输送重量较轻的大宗成件货物,常用于仓库、港口、车站、工厂、煤矿、矿山、建筑工地
链式输送机	链条、板条、金属网带、辊道等	用若干绕过链轮的无端链条作牵引构件,由驱动链轮通过轮齿与链节的啮合将圆周牵引力传递给链条,在链条上或固接着一定的工作构件上输送货物	应用于食品、罐头、饮料、化妆品、洗涤产品等行业,在水平方向或小倾角方向上输送煤炭、砂子、谷物等粉粒状或块状的物料

续 表

常用类型	主要部件	工作原理	特 点
斗式提升机	畚斗带、头轮、底轮、畚斗、机头、机座、机筒、传动轮、张紧装置、进料口、卸料口、插板等	掏取式装料,混合式或重力卸料,链轮轮缘经特殊处理寿命长,下部如采用重力自动张紧装置,能保持恒定的张力,避免打滑或脱链,同时在料斗遇阻时,有一定的容让性,能够有效地保护运动部件	广泛用于粮油、饲料加工厂,实现较大垂直方向颗粒状、粉状散体物料输送的机械输送设备
辊道式输送机	驱动装置、传动滚筒、输送带、槽型上托辊和下托辊、机架、清扫器、拉紧装置、改向滚筒、导料槽、重锤张紧装置及电器控制装置等	辊道输送机的输送带绕经传动滚筒和尾部改向滚筒形成环行封闭带。辊道输送机承载输送带及上面输送的物料	它与生产过程和装卸搬运系统能很好地衔接和配置,并具有功能的多样性,易于组成流水线作业。在仓库、港口、货场得到了广泛应用
螺旋式输送机	转动轮、轴承、料槽、悬挂轴承、轴、叶片、进料口等	是一种用于短距离水平或垂直方面输送散体物料的连续性输送机械	用于粮油、饲料加工厂生产工艺过程中物料的输送
气力式输送机	吸嘴、分离器、供料器、除尘器、风机等	运用风机使管道内形成气流来输送物料的机械设备	输送成件物品的输送机

步骤三:操作常用连续输送机械

由于连续输送机械类别繁多,下面就以带式输送机为例,简单介绍一下其操作要求(见表9-3)。

表9-3 带式输送机的操作要求

环 节	操作要求
作业前	应确认输送机运行范围内没有人员触摸机件,以防开机拖带伤及人员
作业中	开机后检查指示灯、电动机、减速机等有无异常
	检查输送带是否平稳,带表面是否清洁,带是否在中心移动
	注意输送物料是否均匀地分布在输送带上,必要时应调节进料处的挡板位置以调节物料的均匀度。输送成件物品时,应注意掌握单件物品的重量不得过重,整台输送机上物品总重不得超过输送机的承载能力
	输送机的输送带一般为橡胶制品,不能承受过大的冲击载荷,也经受不了尖利物品的刺割,故物品装卸应轻放轻拿
	输送机工作时应经常巡视,发现异常时应尽快通知系统管理人,尽可能将整个系统的输送机同时关机检修

续 表

环 节	操作要求
作业后	带式输送机关机后,检查各运动零部件是否有损坏
	及时清理掉输送带上的黏附物
	填写设备检查记录,交代应予维修的部分

应用训练

在教师的指导下,利用实训室输送设备进行输送设备操作训练,然后予以考核。

拓展提升

一、连续输送机械的特点

输送机械能沿固定路线不停地输送物料。被输送的散料均匀分布于承载构件上,被输送的成件物料也同样按一定的次序以连续方式输送。其特点和优缺点如表9-4所示。

表9-4 连续输送机械的特点、优缺点

项 目	具体内容
特点	高速性:装货、输送、卸货连续进行,且输送过程中极少紧急制动和启动,因此可以采用较高的工作速度,所以效率很高,且不受距离远近的影响
	自动控制简单:由于输送路线预设且固定,运动方式简单,且调速简单,所以较容易实现自动控制
	专用性强:一般来说,一种连续输送机械仅适用于相对固定的几种类型的货物
	经济性好:连续输送机械性价比高,耐用性好
	通用性好:该类设备零部件标准化、系列化程度高,维修简单
优点	具有较高的生产率
	在同样的生产率下,自身质量轻,外形尺寸小,成本低,驱动功率小
	传动机构的机械零部件负荷较低,冲击小
	结构紧凑,制造和维修容易
	输送物料路线固定,动作单一,便于实现自动控制
	工作过程中负载均匀,所消耗的功率几乎不变
缺点	只能按固定的路线输送物料,每种机型只适用于一定类型的物料,且一般只能输送质量不大的物料,通用性差
	大多数输送机械不能自取物料,因此必须配置相应的装载/卸载机械

二、连续输送机械的主要技术参数

一般根据物料搬运系统的要求、物料装卸地点的各种条件、有关的生产工艺过程和物料的特性等来确定连续输送机械的主要参数,其主要技术参数如表9-5所示。

表9-5 连续输送机械的技术参数

类别	常见参数	含义
主要性能参数	输送能力(t/h)	输送机的输送能力是指单位时间内输送的物料量。在输送散状物料时,以每小时输送物料的质量或体积计算;在输送成件物品时,以每小时输送的件数计算
	输送速度(m/s)	指被运货物或物料沿输送方向的运行速度
	构件尺寸(mm)	包括输送带宽度、板条宽度、料斗容积、管道直径和容器大小等
	输送长度(m)	指输送机装载点与卸载点之间的展开距离
	倾角(°)	输送线路长度和倾角大小直接影响输送机的总阻力和所需的功率
	充填系数	指输送机械承载构件被物料或货物填满程度的系数
	提升高度	指货物或物料在垂直方向上的输送距离

其他技术参数:安全系数、制动时间、起动时间、电动机功率、轴功率、单位长度牵引构件的质量传入点张力、最大动张力、最大静张力、预张力、拉紧行程等。

三、选购连续输送机械需要考虑的因素

选购连续输送机械时重点考虑所运货物的物理性质和集装形式,合理地确定所选输送设备及其零部件的形式和结构。具体选型时,通常应考虑以下技术参数:生产效率、输送速度、输送带宽、输送长度和提升高度。

四、连续输送机械的操作注意事项

在操作连续输送机械时必须注重安全,其注意事项如表9-6所示。

表9-6 连续输送机械的操作注意事项

序号	注意事项
1	固定式输送机应按规定的安装方法安装在固定的基础上。移动式输送机正式运行前,应将轮子用三角木楔住或用制动器刹住,以免工作中发生走动。有多台输送机平行作业时,机与机之间、机与墙之间应有1m的通道
2	输送机使用前,必须检查各运转部分、胶带搭扣和承载装置是否正常,防护设备是否齐全。胶带的张紧度须在启动前调整到合适的程度
3	皮带输送机应空载启动,等运转正常后,方可入料。禁止先入料后开车

续表

序号	注意事项
4	有数台输送机串联运行时,应从卸料端开始顺序起动。全部正常运转后,方可入料
5	运行中出现胶带跑偏现象时,应停车调整,不得勉强使用,以免磨损边缘和增加负荷
6	工作环境及被送物料温度不得高于50℃和低于−10℃。不得输送具有酸碱性油类和有机溶剂成分的物料
7	输送机上禁止行人或乘人
8	停车前,必须先停止入料,等皮带上存料卸尽后,方可停车
9	输送机电动机必须绝缘良好。移动式输送机电缆不要乱拉和拖动。电动机要可靠接地
10	皮带打滑时,严禁用手去拉动皮带,以免发生事故

任务二
维护输送设备

任务目标

知识目标：
1. 掌握常用的连续输送机械的维护与保养内容；
2. 清楚常用的连续输送机械的常见故障及解决办法。

能力目标：
1. 能够进行常用的连续输送机械的日常维护；
2. 会排除常用的连续输送机械的常见故障。

任务实施

步骤一：制订周期性维护计划

以带式输送机为例，学习常用的连续输送机械的维护保养，其维护保养项目如表9-7所示。

表9-7 连续输送机械的维护保养

项　目	具体内容
日常检查与维护（每日至少要有2~4小时集中检查维修）	输送带的运行是否正常，有无卡、磨、偏等不正常现象，输送带接头是否良好
	上下托辊是否齐全，转动是否灵活
	输送机各零部件是否齐全，螺栓是否紧固、可靠
	减速器、联轴器、电动机及滚筒的温度是否正常，有无异响
	减速器和液力耦合器是否有泄漏现象，油位是否正常
	输送带张紧装置是否处于完好状态
	各部位清扫器的工作状态是否正常
	检查、试验各项安全保护装置
	检查有关电气设备（包括电缆等）是否完好
常规维修	带式输送机的常规维修工作主要是对易损零件的换修
中、大修管理	通常为半年至一年组织一次中修，一至两年组织一次大修（指设备经常满负荷而工作环境较好的情况）

步骤二:解决常见故障

输送机械长期以来受物料、矿石、煤块甚至金属的冲击而产生磨擦,造成严重的冲击磨损,最为常见的是落煤筒的冲击磨损及导流板的冲击磨损等。其常见故障的解决办法如表9-8所示。

表9-8 常见故障的解决办法

故障	故障原因	解决方法
电动机不能起动或起动后就立即慢下来	线路故障、电压下降、接触器故障、在1.5秒内连续操作	检查线路、检查电压、检查过负荷电器、减少操作次数
电动机发热	由于超载、超长度或输送带受卡阻,使运行阻力增大,电动机超负荷运行	测电动机功率,找出超负荷运行原因,对症处理
	传动系统润滑条件不良,致使电动机功率增加	各传动部位及时补充润滑油
	电动机风扇进风口或径向散热片中堆积粉尘,使散热条件恶化	清除粉尘
满负荷时,液力偶合器不能传递额定力矩	液力偶合器油量不足	加油(当双电机驱动时,必须用电流表测量两电动机。通过调查充油量使功率趋向一致)
减速器过热	减速器中油量过多或太少;油使用时间过长;润滑条件恶化,使轴承损坏	按规定量注油;清洗内部,及时换油修理或更换轴承,改善润滑条件
输送带跑偏	机架、滚筒没有调整平直	调整机架或滚筒,使之保持平直
	托辊轴线与输送中心线不垂直	利用托辊调位,纠正输送带跑偏
	输送带接头与中心线不垂直,输送带边呈S形	重新做接头,保证接头与输送带中心垂直
	装载点不在输送带中央(偏载)	调整落煤点位置
输送带老化、撕裂	输送带与机架摩擦,产生带边拉毛、开裂	及时调整,避免输送带跑偏
	输送带与固定硬物干涉产生撕裂	防止输送带挂到固定构件上或输送带中掉进金属结构件
	保管不善,张紧力过大	按输送带保管要求贮存
	铺设过短产生挠曲次数超过限值,产生提前老化	尽量避免短距离铺设使用

续 表

故　障	故障原因	解决方法
断带	带体材质不适应,遇水、遇冷变硬脆	选用机械物理性能稳定的材质制做带芯
	输送带长期使用,强度变差	及时更换破损或老化的输送带
	输送带接头质量不佳,局部开裂未及时修复或重打	对接头经常观察,发现问题及时处理
打滑	输送带张紧力不足,负载过大	重新调整张紧力或者减少运输量
	淋水使传动滚筒与输送带之间摩擦系数降低	消除淋水,增大张紧力
	超出使用范围,倾斜向下运输	对接头经常观察,发现问题及时处理

步骤三：知晓维护中异常情况处理流程

在设备的点检、使用和周期性维护保养过程中发现设备部件或功能异常时,应由组长或车间主任根据异常情况做出初步判断,并联系机修人员进行维修。设备维修后,相关维修负责人应及时填写"设备维修保养记录"。若遇到维修不了的情况,及时联系设备管理员,由厂家进行维修。

应用训练

根据学校实训条件,让学生现场指出输送设备可能出现的故障,并对模拟故障进行维护,然后予以考核。

拓展提升

一、连续输送机械的日常保养注意事项

连续输送机械的日常保养注意事项如表9-9所示。

表9-9 连续输送机械的日常保养注意事项

序号	日常保养事项	保养方法
1	启动前	认真检查高、低度限位器是否灵敏可靠,做一下试验,并进行调整,使其符合力矩要求
2	变速箱油位	对起升机构的变速箱油位进行检查,达不到油标尺时应加油,对各部螺栓进行紧固

续　表

序　号	日常保养事项	保养方法
3	电盘	每星期对电盘进行清扫,检查触点是否烧坏,烧坏时应进行更换,以防缺相烧坏电机
4	螺栓	物料提升机上部的螺栓每三天应紧固一次
5	钢丝绳	应每班检查一次,每米断头超过国家标准时,应停止使用并进行更换
6	物料提升机	不准带病运转,出现问题时应及时处理

二、皮带输送机的调试步骤

皮带输送机的调试步骤如表9-10所示。

表9-10　皮带输送机的调试步骤

序　号	具体步骤
1	各设备安装后精心调试皮带输送机,满足图样要求
2	各减速器、运动部件加注相应润滑油
3	安装皮带输送机达到要求后,对各单台设备进行手动工作试车,并结合起来调试皮带输送机,以满足动作的要求
4	调试皮带输送机的电气部分,包括对常规电气接线及动作的调试,使设备具备良好性能,达到设计的功能和状态

基础练习

一、判断题

1. 连续输送机械是指能在一个区间内连续搬运物料的物流搬运设备。（　　）
2. 连续输送机械被广泛用于现代散货和小件杂货物流系统中。（　　）
3. 输送机械启动频繁,但是制动次数少,工作效率高。（　　）
4. 在操作带式输送机前,应确认输送机运行范围内没有人员触摸机件,以防开机拖带伤及人员。（　　）
5. 带式输送机作业后,直接关闭电源即可。（　　）
6. 连续输送机械的构件尺寸技术参数是指输送机装载点与卸载点之间的展开距离。（　　）
7. 连续输送机械的输送速度是指单位时间内输送的物料量。在输送散状物料时,以每小时输送物料的质量或体积计算;在输送成件物品时,以每小时输送的件数计算。（　　）

8. 连续输送机械操作时,皮带输送机应空载启动,等运转正常后方可入料。（ ）

9. 当操作连续输送机械出现皮带打滑时,应及时用手拉动皮带进行人工调整,以免发生事故。（ ）

10. 带式输送机常规的维修工作主要是对易损零件进行换修。（ ）

二、单选题

1. 下列输送机属于按安装方式划分的是(　　)。
A. 散料输送机　　　　　　　　B. 有挠性构件的输送机
C. 移动式输送机　　　　　　　D. 无动力式输送机

2. 下列输送机属于按输送对象划分的是(　　)。
A. 散料输送机　　　　　　　　B. 有挠性构件的输送机
C. 移动式输送机　　　　　　　D. 无动力式输送机

3. 下列不属于连续输送机械特点的是(　　)。
A. 自动控制简单　　B. 专用性强　　C. 通用性差　　D. 高速性

三、多选题

1. 连续运输机械具有(　　)等特点。
A. 输送大量货物　　B. 搬运效率高　　C. 运行成本高　　D. 货流稳定

2. 下列输送机属于按输送对象划分的是(　　)。
A. 散料输送机　　　　　　　　B. 有挠性构件的输送机
C. 成件输送机　　　　　　　　D. 无动力式输送机

3. 下列属于连续输送机械的技术参数的是(　　)。
A. 输送能力　　　B. 输送速度　　　C. 输送长度　　　D. 构件厚度

4. 选购连续输送机械时重点考虑所运货物的(　　)。
A. 物理性质　　　B. 化学性质　　　C. 集装形式　　　D. 机械性质

5. 选购连续输送机械需要考虑的技术参数包括(　　)。
A. 生产效率　　　B. 输送速度　　　C. 输送带宽　　　D. 提升高度

四、简答题

1. 简述连续输送机械的优缺点。
2. 选购连续输送机械需要考虑的因素有哪些?

项目十

认识与管理运输设备

运输是实现人和物空间位置变化的活动,各种运输方式和运输工具都有各自的特点,不同类物品对运输的要求也不尽相同。合理选择运输方式,是合理组织运输、保证运输质量、提高运输效益的一项重要内容。

通过本项目的学习与训练,知道运输技术的基础知识,了解运输装备,清楚五种运输方式的特点,知道一些货物(如煤炭、原油、蔬菜和精密仪器等)应该采用的运输方式,能叙述我国目前的物流运输形式,能说明运输在物流中的地位。

任务一 认识与管理公路运输设备

任务目标

知识目标:
1. 认识公路运输的特点;
2. 掌握组织公路运输的方法。

能力目标:
1. 说出公路运输方式的衡量指标;
2. 认识常见的公路运输装备。

任务实施

步骤一:了解公路运输的特点

公路是指城市间、城乡间、乡村间主要供汽车行驶的公共道路。公路运输的特点主要表现在以下几个方面:① 机动灵活,适应性强;② 可实现"门到门"直达运输;③ 在中短途运输中,运送速度较快;④ 原始投资少,资金周转快;⑤ 运量较小,运输成本较高。

步骤二:了解公路构成

公路是一种线型工程构造物,主要由路基(见图 10-1)、路面(见图 10-2)、涵洞

(见图10-3)、隧道(见图10-4)、桥梁、渡口码头、绿化、通信、照明等设备及其他沿线设施组成。

图 10-1　路基

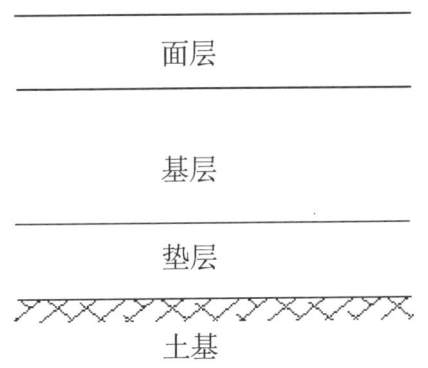

图 10-2　路面的分布图

图 10-3　涵洞

图 10-4　隧道

(1) 路基。

路基是公路的基本结构,是支撑路面结构的基础,与路面共同承受行车荷载的作用,同时承受气候变化和各种自然灾害的侵蚀和影响。路基结构形式可以分为填方路基、挖方路基和半填半挖路基三种形式。

(2) 路面。

路面是铺筑在公路路基上与车轮直接接触的结构层,承受和传递车轮荷载,承受磨耗,经受自然气候的侵蚀和影响。对路面的基本要求是具有足够的强度、稳定性、平整度、抗滑性能等。路面结构一般由面层、基层、底基层与垫层组成。

(3) 桥涵。

桥涵是指公路跨越水域、沟谷和其他障碍物时修建的构造物。按照《公路工程技术标准》规定,单孔跨径小于 5 m 或多孔跨径之和小于 8 m 的称为涵洞,大于这一规定值则称为桥梁。

(4) 隧道。

公路隧道通常是指建造在山岭、江河、海峡和城市地面下，供车辆通过的工程构造物。按所处位置可分为山岭隧道、水底隧道和城市隧道。

(5) 公路渡口。

公路渡口是指以渡运方式供通行车辆跨越水域的基础设施。码头是公路渡口的组成部分，可分为永久性码头和临时性码头。

步骤三：掌握公路等级

公路根据其作用及使用性质，从行政分级角度可分为国家干线公路（国道）、省级干线公路（省道）、县级干线公路（县道）、乡级公路（乡道）以及专用公路。一般把国道和省道称为干线，县道和乡道称为支线。

国道是指具有全国性政治、经济意义的主要干线公路，包括重要的国际公路，国防公路，连接首都与各省、自治区、直辖市的公路，连接各大经济中心、港站枢纽、商品生产基地和战略要地的公路。国道中跨省的高速公路由交通部批准的专门机构负责修建、养护和管理。国道是国家交通的主干线，编号从 101 至 330。编号以 1 开头的国道是以北京为中心的呈放射状的国道，共有 12 条，全长 23 997 km，如 112 国道是以北京为中心的环线。编号以 2 开头的国道是南北走向的国道，共有 28 条，全长 37 268 km，编号从 201 至 228。最长的纵向国道是锡林浩特到雷州半岛南部的海安，编号为 207，以三级和四级公路为主。编号以 3 开头的国道是东西走向的国道，共 30 条，全长 48 855 km，编号从 301 至 330，主要为三级和四级公路。最长的横向国道为上海到聂拉木的 318 国道，也是国道中最长的一条。编号以 0 开头的道路是"五纵七横"主干线的国道，共 12 条，总长约 35 000 km。

省道是指具有全省（自治区、直辖市）政治、经济意义，并由省（自治区、直辖市）公路主管部门负责修建、养护和管理的公路干线。

县道是指具有全县（县级市）政治、经济意义，连接县城和县内主要乡（镇）、主要商品生产和集散地的公路，以及不属于国道、省道的县际间公路。县道由县、市公路主管部门负责修建、养护和管理。

乡道是指主要为乡（镇）村经济、文化、行政服务的公路，以及不属于县道以上公路的乡与乡之间及乡与外部联系的公路。乡道由人民政府负责修建、养护和管理。

专用公路是指专供或主要供厂矿、林区、农场、油田、旅游区、军事要地等与外部联系的公路。专用公路由专用单位负责修建、养护和管理，也可委托当地公路部门修建、养护和管理。

按我国公路工程技术标准规定，根据交通量、使用任务和性质，公路可分为高速、一级、二级、三级和四级公路五个等级。各级公路所适应的交通量和在交通网中的意义如表 10-1 所示。

表 10-1 公路等级

公路等级	在交通网中的意义	折合成小客车年平均昼夜交通量	使用年限
高速公路	具有分隔带、多车道、出入口受限制、立体交叉的汽车专用道,专供汽车分道行驶,具有特别重要的政治、经济意义	四车道 25 000～55 000 辆 六车道 45 000～80 000 辆 八车道 60 000～100 000 辆	20 年
一级公路	汽车分道行驶并且部分控制出入,部分立体交叉,连接重要的政治、经济中心	四车道 15 000～30 000 辆 六车道 25 000～55 000 辆	20 年
二级公路	连接政治、经济中心或较大工矿区等地的干线公路,或运输任务繁忙的城郊公路,一般是双车道公路	3 000～7 500 辆	15 年
三级公路	沟通县及县以上城市的一般干线公路,一般是双车道公路	1 000～42 000 辆	10 年
四级公路	沟通县、乡、村的支线公路	双车道 1 500 辆以下 单车道 200 辆以下	10 年

步骤四:掌握货运站(场)

货运站(场)是道路交通运输的基础设施之一,在国家经济建设中具有重要地位。货运站(场)的基本功能为:运输组织功能、中转和装卸储运功能、中介代理功能、通信信息服务功能、辅助服务功能。货运站如图 10-5 所示,停车场(库) 如图 10-6 所示。

图 10-5 某机场货运站

图 10-6 停车场(库)

1. 运输组织功能

货运站应具有对运输市场的组织管理和站(场)内部各机构、车辆、货流的组织管理功能。货运站对运输市场的组织管理应包括对经营区域内的货源调查和预测,了解计划期内货物种类、运量、运距,协助用户选择合理的运输方式和运输线路,签订有关运输合同和运输协议,为编制运行作业计划提供可靠的保证。在站场管理中,应及时掌握站场的货物管理、堆存、运输等情况,结合长期的统计数据,提出合理利用和使用站场的决策方案,制定站场管理方法、规章制度和操作工艺等;在车辆管理中,应掌握运输车辆的数量、吨位、技术状况,同时对运行车辆进行跟踪,做好车辆的管、用、养、修工作;在货源组织管理中,应对货源的组织制定规章制度和计划,掌握站场内货物的流向、流量和流时,并适时地对一线工作人员进行指导。

2. 中转和装卸储运功能

中转换装功能是货运站的主要功能,而与这一功能紧密相连的是装卸储运功能,没有装卸功能的货运站,中转换装就成为空话。通过各种运输方式运到货运站的货物需中转或送到用户那里,但货运站不可能将全部货物及时中转或送到用户那里,没有及时送出的货物需要在站内储存、堆放。另外,货运站的仓库不仅是中转货物的储存地,更重要的是通过合同关系出租给各企业存放成品和半成品。许多企业为了减少投资、降低成本、加快产品流通,自己不设仓库,而让货运站的仓库代为储存。

3. 中介代理功能

运输代理是指汽车货运站为其服务区域内的有关单位和个体代办各种货物运输业务,为货主和车主提供双向服务,选择最佳运输线路,合理组织多式联运,实行"一次承运,全程负责"。汽车货运站除从事公路货物运输外,还应与其他运输方式开展联合运输,充分发挥各种运输方式的特点和优势,逐步完善综合运输体系。汽车货运站应通过交通信息中心和自身的信息系统,与铁路运输、水路运输和航空运输等行业与部门建立密切的货物联运关系,作为中介代理,有效地开展联运业务。

4. 通信信息服务功能

货运站作为交通运输信息中心,应采用先进的信息技术手段(如 GPS 定位系统、计算机网络等),建立一个反应敏锐、处理及时的信息系统,向有关各方提供准确、及时的信息服务。其信息系统应具有以下几方面的功能:

(1) 信息系统应能对货物的流量、流向、流时进行统计、计算处理,以及对货物的品种、包装、运输特性的变化进行存储和处理,为货运站的货物运输组织管理提供科学的依据。

(2) 信息系统应能根据掌握的车流、货源信息,站场装卸、仓库堆存情况,货物运输距离、货物种类、批量大小,优化运输方案,合理安排货物的中转、堆存,及时调整和安排车辆的装卸等。

(3) 信息系统应提供开放性服务,向相关各方提供货物流量、流向、流时及站场的装卸、堆存情况的信息。

(4) 信息系统应向货主、车主等提供车、货配载信息,为车主和货主牵线搭桥,促进运输市场的发展,提高实载率和里程利用率。

5. 辅助服务功能

汽车货运站除开展正常的货运生产外,还应提供与运输生产有关的服务。例如,为货主代办报关、报检、保险等业务,提供商情信息服务,开展商品的包装、加工处理等服务,代货主办理货物的销售、运输、结算等服务。另外,还应为货运车辆提供停放、清洗、加油、检测和维修服务,为货主和相关人员提供食、宿、娱乐服务等。

步骤五:掌握公路运输组织

1. 双班或多班运输

双班运输的组织如表10-2所示。

表10-2 双班运输的组织表

定 员	开工形式	优 点	缺 点
一车两人	日夜双班	能做到定人、定车运行,能保证车辆有充裕的保修时间;驾驶员的工作、学习和休息时间能得到正常的安排;行车时间安排也比较简单,伸缩性较大,易于得到物资单位及有关部门的配合	车辆在时间上利用不够充分,驾驶员不能做到当面交接
一车两人	轮流驾驶 日夜双班	定人、定车,最大可能地提高车辆的利用效率	驾驶员在车上得不到正常的休息
一车两人	日夜双班 分段交班	与上面第一种相同,但能保证驾驶员当面交接	—
一车三人	日夜双班 分段交班	车辆在时间上被充分利用起来,运输效率较高,能做到定人、定车运行;驾驶员的工作时间比较均衡	车辆几乎全日行驶,如不能做到快速保养,则遇保养时需另派机车顶替
一车三人	二工一休	能做到定人、定车运行,车辆出车时间较长,运输效率较高	每班驾驶员一次工作时间较长,容易出现疲劳;安排车辆和保修时间比较紧张,需要配备的驾驶员数量也较多
两车三人	日夜双班 分段交班	能做到定人、定车运行,可减少驾驶员的配备,车辆在时间上被利用得较好,车辆保养时间充分	驾驶员工作时间较长,不利于正常的休息,运行组织工作要求严格

2. 定时、定点运输

定时运输指车辆按运行计划中所拟定的行车时刻表进行工作;定点运输指按发货点相对固定车队,专门完成固定货运任务的运输组织形式。定点运输适用于装卸地点都比较固定集中的货运任务,也适用于装货地点集中而卸货地点分散的固定性货运任务。

3. 零担货物集中运输

零担货物运输作业流程如图10-7所示。

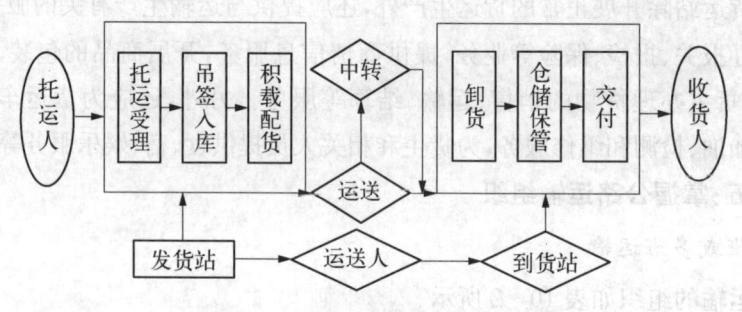

图10-7 零担货物运输作业流程图

4. 拖挂运输

汽车货运所采用的车辆,通常可分为汽车、牵引车、挂车三大类。拖挂运输也称汽车运输列车化,它是以汽车列车形式参加生产活动的一种运行方式。

5. 直达联运

以车站、港口和物资供需单位为中心,按照运输的全过程,把产、供、销部门的各种运输工具组成"一条龙"运输,把货物从生产地一直运到消费地。

步骤六:掌握公路运输装备

公路运输时载货汽车的使用性能是指货车在一定的使用条件下而表现出来的最大工作效能的能力。它包括货车的动力性、行驶安全性、燃料经济性、制动性、操作稳定性、通过性、舒适性等。具体公路运输时载货汽车主要有以下几种。

1. 厢式汽车

厢式汽车(见图10-8～图10-10)是指具有独立的封闭结构的车厢或与驾驶室联成一体的整体式封闭结构车厢,装有专用设施,用于载运人员、货物或承担专门作业的专用汽车和列车。由于厢式汽车结构简单、利用率高、适应性强,是应用最广泛的一种车型。厢式汽车除具备普通车的一切力学性能外,还具备全封闭的箱式车身,以及便于装卸作业的车门。封闭式的车厢可使货物免受风吹、日晒、雨淋,将货物置于车厢内,能防止货物散失、丢失,安

图10-8 普通厢式运输车

全性好,而且小型厢式载货汽车一般带有滑动式侧门和后开门,货物装卸作业非常方便。由于其小巧灵便,无论大街小巷均可长驱直入,可以真正实现"门到门"的运输。

图 10-9　邮政车　　　　图 10-10　运钞车

2. 罐式汽车

罐式汽车(见图 10-11)是载货汽车的一种,载货部位的结构为封闭罐体的载货汽车。罐式汽车装有罐状容器,密封性强,一般用于运送易挥发、易燃、危险的物品和粉状物料等。

图 10-11　罐式汽车

3. 自卸车

自卸车(见图 10-12)是指通过液压或机械举升而自行卸载货物的车辆,又称翻斗车,由汽车底盘、液压举升机构、货厢和取力装置等部件组成。自卸车具有较大的动力和较强的通过能力,是矿山和建筑工地上物流运输的理想车种。

图 10-12　自卸车

4. 半挂牵引车

半挂牵引车(见图 10-13)是指装备有特殊装置用于牵引半挂车的商用车辆。前面有牵引驱动能力车头的叫牵引车,后面没有牵引驱动能力的车叫挂车,挂车是被牵引车拖着走的。

半挂汽车列车的牵引车上备有牵引座,半挂车上装有牵引销,半挂车通过牵引销与牵引车上的牵引座连接(或分离),牵引车可承受半挂车的部分载荷。

图 10-13 半挂牵引车

半挂牵引车是由一辆牵引车用牵引杆连接一辆或一辆以上的全挂车组合而成的。

双挂汽车列车是指由一辆半挂牵引车与一辆半挂车和一辆全挂车组合而成的汽车列车。由于双挂汽车列车又增加了一节挂车,所以载重量增加了,运输效率大大提高。但它要求牵引车具有更大的发动机功率,并且要求运行的道路条件要好。

5. 冷藏车

冷藏车(见图 10-14)是指用来运输冷冻或保鲜货物的封闭式厢式运输车,是装有制冷机组的制冷装置和聚氨酯隔热厢的冷藏专用运输汽车,常用于运输冷冻食品(冷冻车)、奶制品(奶品运输车)、蔬菜水果(鲜货运输车)、疫苗药品(疫苗运输车)等。

图 10-14 冷藏保温车

应用训练

1. 阐述公路运输的特点。
2. 列举常见的组织公路运输方法。

拓展提升

一、公路运输运费的计算

公路运费均以"吨/里"为计算单位,一般有两种计算标准:① 按货物等级规定基本运费费率;② 以路面等级规定基本运价。凡是一条运输路线包含两种或两种以上的等级公路时,则以实际行驶里程分别计算运价。特殊道路,如山岭、河床、原野地段,则由承托双方另议商定。

公路运费费率分为整车(FCL)和零担(LCL)两种,后者一般比前者高30%~50%,按我国公路运输部门的规定,一次托运货物在两吨半以上的为整车运输,适用整车费率;不满两吨半的为零担运输,适用零担费率。凡一公斤重的货物,体积超过四立方分米的为轻泡货物(或尺码货物)。整车轻泡货物的运费按装载车辆核定吨位计算;零担轻泡货物按其长、宽、高计算体积,每四立方分米折合一公斤,以公斤为计费单位。此外,尚有包车费率(Lump Sum Rate),即按车辆使用时间(小时或天)计算。

二、高速公路

高速公路相比普通公路来说道路平直,线路顺畅,纵坡缓和,其整体结构有以下几个特征:

(1) 设汽车专用道,禁止非机动车和行人使用,彻底杜绝其他路面交通工具的干扰。

(2) 设中央分隔带,将往返方向车辆完全隔离,避免相对向的车辆发生刮擦或相撞。

(3) 采用跨线立交,全程路段没有平面交叉口,消除其他公路、铁路等的横向阻碍。

(4) 全部控制出入,设特定进出口与互通立交,车辆在指定点进入或离开高速公路。

(5) 铺设高级路面,常采用大半径曲线形设计,既要避免长直线,又要避免急转弯。

(6) 桥隧结合为主,以节约土地资源,降低环境污染,以及适应不同地形条件等。

高速公路全线路段以立体交叉形式越过其他交通线路,并在适当位置与其他重要公路线路衔接互通;线路经大城市时多为绕城而过,如必须直穿城市内部交通繁忙区,以高架桥或隧道形式贯通。高速公路平面线形大多以圆曲线加缓和曲线为主,并重视平、纵、横三维空间立体线形设计。路面多采用磨光值高的坚质材料(如改良沥青),以减少路表液面飘滑和射水现象。路缘带有时用与路面不同颜色的材料铺成。硬路肩为临时停车用,也需用较高级材料铺成。在陡而长的上坡路段,当重型汽车较多时,还要在车行道外侧另设爬坡车道。必要时,每隔2~5 km在车行道外侧加设宽3 m、长10~20 m的专用临时停车带。高速公路途经山岭重丘地段时,常采用拉长距离、降缓坡度的方式(如设U型弯道或其他展线),以减少连续下坡或陡峭斜坡所带来的安全隐患。

三、货运站点类型

目前,我国汽车运输的货运形式大致可分为整车货运、快速货运、零担货运、集装箱货运四种运输方式。与这四种运输形式对应的货运站可分为整车货运站、零担货运站(含快速货运)、集装箱货运站和由上述两种或两种以上货运站组成的综合型货运站。

1. 整车货运站

整车货运站是指以货运商务作业机构为代表的汽车货运站,是调查并组织货源,办理货运商务作业的场所。商务作业包括托运、承运、受理业务、结算运费等各项工作。整车汽车货运站主要经办大批货物运输,有些也兼营小批货物运输。其主要特点是:

(1) 它是汽车运输企业调查、组织货源,办理货运等商务作业的代表机构。

(2) 它承担货运车辆在站内的专用场地停放和保管任务。

(3) 运输企业对运输货物一般不提供仓储设施,而主要提供运力,从发货单位的仓库内装车,负责运输过程的货物保管,直接运送到收货单位的仓库卸车等服务。

(4) 由于大批货物的装卸地点一般比较固定,所以它适合采用大型载货汽车和高生产率的装卸机械。

2. 零担货运站

专门经营零担货物运输的汽车货运站,称为零担货运站或简称零担站。其主要特点如下:

(1) 零担货物一般均由托运单位及个人根据其需要自行运到货运站点,也可以由车站指派业务人员上门办理托运手续。因此,货运计划性差,难以采用运输合同等方法将其纳入计划管理的轨道。

(2) 站务作业工作量大而复杂。汽车零担货运作业的内容及其程序包括受理托运、退运与变更、拣货称重、验收入库、开票收费、装车与卸车、货物交接、货物中转、到达与交付等。这些站务作业是零担货运站的基础工作,工作量大而复杂。

(3) 对车站的设施建设要求高。由于零担货运站是沟通汽车零担货物运输网络的枢纽,货主多、货源广、货物品种繁多、质高价贵、时间性强,因此车站的建设必须满足零担货运的工艺要求,合理地设置零担货运站房、仓库、货棚、装卸场、停车场以及有关的生产辅助设施,且各组成部分的相互位置和面积应符合方便货主、便于作业的要求。

(4) 车站的设备和设施应满足零担货运的需要。由于零担货物具有数量小、批量多、包装不统一、到站分散等特点,加之零担货物普遍质高价贵,因此普通车型显然不适于运载零担货物,必须选择厢式车作为专用零担车辆,同时还应配置高生产率的站内装卸搬运机械设备。

3. 集装箱货运站

集装箱货运站主要承担集装箱的中转运输任务,所以又称集装箱中转站。其主要工作任务如下:

(1) 承担港口、火车站与货主之间的集装箱"门到门"运输与集装箱货物的拆箱、装箱、仓储和接运、送达任务。

(2) 承担空、重集装箱的装卸、堆放和集装箱的检查、清洗、消毒、维修任务。

(3) 承担车辆、设备的检查、清洗、维修和存放任务。

(4) 为货主代办报关、报检等货运代理业务。

四、货运汽车的类型

1. 按用途分类

按用途和使用条件可将货车分为普通货运汽车和专用货运汽车两大类。普通货运汽车是指具有栏板式车箱,用于运载普通货物的汽车;专用货运汽车是指装置有专用设备、具备专用功能、承担专门运输任务的汽车,如汽车列车、箱式货车、冷藏保温车、罐式车、自卸车等。

2. 按最大总质量分类

货车按其最大总质量可以分为以下四类:

(1) 微型货车:最大总质量不超过 1.8 t。

(2) 轻型货车:最大总质量为 1.8~6 t。

(3) 中型货车:最大总质量为 6~14 t。

(4) 重型货车:最大总质量在 14 t 以上。

任务二
认识与管理铁路运输设备

任务目标

知识目标：
1. 认识铁路运输的特点；
2. 掌握组织铁路运输的方法。

能力目标：
1. 说出铁路运输方式的技术指标；
2. 认识常见的铁路运输装备。

任务实施

步骤一：了解铁路运输的特点

铁路运输是指利用机车、车辆等技术设备沿铺设轨道运行的运输方式。按列车的支持和驱动方式可分为普通铁路运输和悬浮式铁路运输。

铁路运输具有以下几个优点：① 运输能力大，适用于大批量低值商品的长距离运输；② 受气候和自然条件影响较小，在运输的准时性方面占优势；③ 可以方便地实现背驮运输、集装箱运输及多式联运。

铁路运输也具有以下几个缺点：① 由于铁路线路是专用的，其固定成本很高，原始投资较大，建设周期较长；② 铁路按列车组织运行，在运输过程中需要有列车的编组、解体和中转改编等作业环节，占用时间较长，因而增加了货物的运输时间；③ 铁路运输中的货损率比较高，而且由于装卸次数多，货物毁损或丢失事故通常也比其他运输方式多；④ 不能实现"门到门"运输，通常要依靠其他运输方式配合，才能完成运输任务，除非托运人和收货人均有铁路专用线。

综上所述，铁路货物运输担负的主要功能是：大宗低值货物的中、长距离运输，也较适合运输散装货物（如煤炭、金属、矿石、谷物等）、罐装货物（如化工产品、石油产品等）以及集装箱运输。

步骤二：了解铁路运输的技术指标

1. 铁路线路等级

铁路线路等级如表 10-3 所示。

表 10-3 铁路等级一览表

等　　级	铁路在路网中的意义	远期年客运量
Ⅰ级铁路	在路网中起骨干作用的铁路	$\geqslant 20\times 10^6$ t
Ⅱ级铁路	在路网中起骨干作用的铁路	$<20\times 10^6$ t
	在路网中起联络、辅助作用的铁路	$\geqslant 10\times 10^6$ t
Ⅲ级铁路	为某一区域服务,具有地区运输性质的铁路	$<10\times 10^6$ t

2. 铁路车站设施

铁路车站(见图 10-15)是铁路运输的基本生产单位,它集中了与运输有关的各项技术设备,并参与整个运输过程的各个作业环节。车站按技术作业性质可分为中间站(见图 10-16)、区段站、编组站;按业务性质可分为客运站、货运站(见图 10-17)、客货运站;按等级可分为特等站、一至五等站。

图 10-15　铁路车站　　　　图 10-16　铁路中间站

在车站内除与区间直接连通的正线外,还有供接发列车用的到发线,供解体和编组列车用的调车线和牵出线,供货物装卸作业的货物线,为保证安全而设置的安全线、避难线,以及供其他作业的线路,如机车行走线、存车线、检修线等。

铁路货场(见图 10-18)是铁路货运站办理货物承运、保管、装卸和交付作业的一个生产车间,也是铁路货物运输与其他货物运输工具衔接的场所。货场是铁路货物运输生产过程的起始、中转和终止的地点,与国民经济各部门直接发生联系,是铁路货物运输的主要环节。

(1) 中间站。

中间站是为提高铁路区段通过能力,保证行车安全和为沿线城乡及工农业生产服务而设的车站,其主要任务是办理列车会让、越行和客货运业务。中间站的主要作业有:

① 列车的到发、通过、会让和越行。

② 旅客的乘降和行李的承运、保管与交付。

③ 货物的承运、装卸、保管与交付。

图 10-17　铁路货运站　　　　图 10-18　铁路货场

④ 本站作业车的摘挂作业和向货场、专用线取送车辆的调车作业。

⑤ 客货运量较大的中间站还有始发、终到客货列车的作业。

为了完成上述作业，中间站应设以下设备：

① 客货设备，包括旅客站舍（售票房、候车室、行包房）、旅客站台、雨棚和跨越设备（天桥、地道、平过道等）。

② 货运设备，包括货物仓库、货物站台和货运室、装卸机械等。

③ 站内线路，包括到发线、牵出线和货物线等。

④ 信号及通信设备。

（2）区段站。

区段站的主要任务是办理货物列车的中转作业，进行机车的更换或机车乘务组的换班以及解体、编组区段列车和摘挂列车。

区段站主要办理以下五种作业：

① 客运业务，与中间站基本相同，但数量较大。

② 货运业务，与中间站基本相同，但作业量较大。

③ 运转业务，主要办理旅客列车接发、货物列车的中转作业，区段、摘挂列车的编组与解体、向货场及专用线取送作业等。某些区段站还担当少量始发直达列车的编组任务。

④ 机车业务，主要是机车的更换或机车乘务组的换班，对机车进行整备、检修。

⑤ 车辆业务，办理列车的技术检查和车辆检修业务。

为了能完成上述各项作业，区段站主要有以下设备：

① 客运设备，与中间站基本相同，但规模较大。

② 货运设备，与中间站基本相同，但数量较多。

③ 运转设备，包括到发线、调车场、牵出线或中小能力驼峰、机车走行线及机待线。

④ 机务设备，包括机务段或机务折返段。

⑤ 车辆设备，包括列车检修所和站修所。

(3) 编组站。

编组站是铁路网上办理大量货物列车解体和编组作业,并设有比较完善的调车设备的车站,有列车工厂之称。

编组站和区段站统称技术站,但二者在车流性质、作业内容和设备布置上均有明显区别。区段站以办理无改编货物列车为主,仅解编少量的区段、摘挂列车;编组站主要办理各类货物列车的解编作业,且多数是直达列车和直通列车,改编作业量往往占全站作业量的 60% 以上,有的高达 90%。

编组站的主要任务是解编各类货物列车,组织和取送本地区的车流(小运转列车),供应列车动力,整备检修机车,进行列车的日常技术保养等。

编组站的主要作业为运转作业、机车作业和车辆作业。运转作业包括列车到达作业、列车解体作业、列车编组作业和列车出发作业。

编组站的主要设备有办理运转作业的调车设备(调车驼峰、牵出线、编组场等)和行车设备(到达场、出发场或到发场),以及机务设备(机务段)、车辆设备(车辆段)。

3. 铁路机车

铁路机车是铁路运输的基本动力,是牵引和推送车辆运行的车辆,本身不能装载。

按用途划分,铁路机车可以分为客运机车、货运机车和调车机车。客运机车要求速度快,货运机车要求功率大,调车机车要求灵活机动。

按牵引动力类型划分,铁路机车可以分为蒸汽机车、内燃机车和电力机车。

蒸汽机车是通过蒸汽机把燃料燃烧产生的热能转换成机械能,用来牵引列车的一种机车。在现代铁路运输中,蒸汽机车已逐渐被其他新型牵引形式取代。

内燃机车是以内燃机为原动力的一种机车。一般来说,内燃机车由动力装置(即柴油机)、传动装置、车体车架、行走机构、辅助设备、制动装置和车钩缓冲装置等主要部分组成。根据从柴油机到动轮之间采用传动装置的不同,内燃机车可分为电力传动、液力传动两种类型。电力传动是由柴油机驱动主发电机,然后向牵引电动机供电,并通过牵引齿轮驱动机车车轮转动。液力传动是柴油机驱动液力装置的变矩器泵轮,将机械功转变成液体的动能,再经变矩器的涡轮转换成机械功,然后经方向轴、车轴齿轮箱等部件传至车轮。液力传动较电力传动效率稍低,适合牵引客运列车。

电力机车靠其顶部升起的受电弓从接触网上取得电能,并转换成机械能牵引列车运行。电力机车由电气设备、车体与车架、行走机构、车钩缓冲装置和制动装置等主要部分组成。电力机车功率大,获得能量不受限制,因而能高速行驶,牵引较重列车,起动加速快,爬坡性能强,容易实现多机牵引,更适用于坡度大、隧道多的山区铁路和繁忙干线。

4. 铁路车辆

铁路车辆是指不具有动力装置,连接成车列后由机车牵引运行的铁道运输装置。

按照用途的不同,铁路车辆可以分为客车和货车两大类。按轴数的不同,铁路车辆又可以分为四轴车、六轴车和多轴车。根据货物运输要求的不同,货车可以分为棚车、敞车、平车、砂石车、罐车及保温车等类型。按照制作材料的不同,货车又可以分为钢骨车和全钢车。按照载重量的大小,货车还可以分为50 t、60 t、75 t和90 t等多种车型,其中以60 t为最多。

货车尺寸参数包括:① 车辆长度:指货车两端钩舌内侧面间的距离。② 车辆定距:指车体内端支承处之间的距离。对于车向架的货车,指两心盘垂直中心线间的距离。③ 转向架固定轴距:同一转向架上最前位轮轴中心线与最后轮轴中心线之间的距离。④ 车体的长、宽、高:指车体内部和外部的长度、宽度、高度。⑤ 最大重视最大高度:指货车最宽部分的尺寸和车辆最高点离钢轨水平面之间的距离。⑥ 车钩高度:指车钩中心距轨面的高度。⑦ 地板面高度:指货车的货物装载面与轨面之间的距离。

货车性能参数包括:① 自重:指货车自身的全部重量。② 载重:指货车允许的正常最大载重量。③ 自重系数:指货车自重与设计标记载重的比值。在确保行车安全的情况下,自重系数越小,越经济。④ 容重系数:指标准载重与设计容积的比值。⑤ 构造速度:指车辆设计允许正常运行的最高速度。⑥ 轴重:指车辆总重与全车辆数的比值。轴重不允许超过线路及桥梁所允许的数值。⑦ 每延米重:指车辆总重与车辆长度的比值。每延米重的大小受线路和桥梁的设计施工标准限制。⑧ 通过最小曲线半径:主要反映货车通过曲线的能力。

步骤三:掌握铁路运输组织

铁路货物运输作业根据托运货物的重量、体积、性质、形状分为整车运输、零担运输和集装箱运输三种。

1. 整车运输

一般来说,一批货物按照它的重量或体积需要单独使用30 t以上的一辆或超过一辆的货车装运,或者虽然不能装满一辆货车,但是由于货物的性质、形状或运送条件等的原因,必须单独使用一辆货车装运时,都应该以整车的方式运输。整车货物以每车货物为一批。

2. 零担运输

如果货物按照它的性质、形状、运送条件不需要单独使用一辆货车运输,可以与其他几批货物拼装一辆货车运送时,则按零担的方式运输。零担运输以每张运单为一批。

不得按零担运输托运的货物:

(1) 需要冷藏或加温运输的货物。

(2) 规定按整车办理的危险货物(装入铁路批准使用爆炸品保险箱运输的除外)。

(3) 易于污染其他货物的污秽品(经过卫生处理不致污秽其他货物的除外)。

(4) 蜜蜂。

(5) 不易计算件数的货物。

(6) 未装入容器的活动物(铁路局管内零担运输办法允许者除外)。

(7) 一件重量超过 2 t、体积超过 3 m³ 或长度超过 9 m 的货物(发站认为不致影响中转站或到站卸车作业者除外)。

3. 集装箱运输

铁路货物运输中符合集装箱运输条件的可按集装箱托运。符合集装箱运输条件的货物是以贵重、易碎、怕湿货物为主的"适箱货物",如家电、仪器、仪表、小型机械、玻璃陶瓷、建材、工艺品、文化体育用品、医药、卷烟、酒、食品、日用品、化工产品、针纺织品、小五金和其他适合集装箱运输的货物。

不能使用集装箱运输的货物:① 易损坏、污染箱体的货物;② 鲜活货物;③ 危险货物。

步骤四:掌握铁路运输装备

客车如图 10-19 所示,货车如图 10-20～图 10-27 所示。

图 10-19 客车

图 10-20 棚车

图 10-21 敞车

图 10-22 平车

图 10-23 罐车

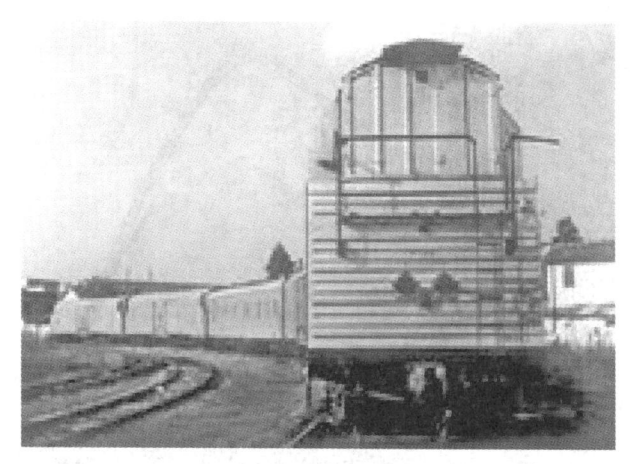

图 10‑24 保温车

图 10‑25 漏斗车

图 10‑26 长大货物车

图 10-27 架桥车

应用训练

1. 阐述铁路运输的特点。
2. 列举常见的组织铁路运输方法。

拓展提升

铁路整车运输、零担运输和集装箱运输的区别,具体内容如表 10-4 所示。

表 10-4 整车运输、零担运输和集装箱运输的区别

比较项目	具体内容
数量	零担货物规定一批货物的重量和体积须不够一个 30 t 货车,一件货物的体积最小不得小于 0.02 m³,每批不得超过 300 件;使用集装箱运输的货物重量,每箱不得超过集装箱最大载重量。铁路集装箱最大载重量为一吨箱 810 kg,五吨箱 4 200 kg
货物品类及其性质	按零担或集装箱运输时有一定的限制,零担运输规定中所列的 7 类货物不能按零担承运;集装箱运输规定中所列的 3 类货物不能使用集装箱装运;而按整车运输时则没有这类限制
货物运送单位	整车以每车为一批,跨装、爬装及使用游车的货物,以每车组为一批。而零担或集装箱运输的货物,则以每张运单为一批。使用集装箱运输的货物,铁路按批办理,每批必须同一箱型,至少一箱,最多不得超过铁路货车一车所能装运的箱数
货物运费核收	不同批次的整车货物与零担货物的运价号、运价率都不同。按集装箱运输时,一整车集装箱按货车标重及其适用的整车运价率计费;零担集装箱按货物重量(低于起码重量的按起码重量)及其适用的零担运价率计费

任务二
认识与管理水路运输设备

任务目标

知识目标：
认识水路运输的特点。

能力目标：
1. 说出常见的水路运输装备；
2. 掌握船舶组成与性能。

任务实施

步骤一：了解水路运输的特点

水路运输是指利用船舶，在江、河、湖泊、人工水道以及海洋上运送旅客和货物的一种运输方式。水路运输按其航行的区域，大体上可以划分为海洋运输和内河运输两种类型。

海洋运输又有远洋、近洋和沿海之分。远洋是指我国与其他国家或地区之间经过一个或整个大洋的海上运输，如我国至非洲、欧洲、美洲、澳洲等地区进行的运输；近洋是指我国与其他国家或地区之间只经过沿海或太平洋（或印度洋）的部分水域的海上运输，如我国与朝鲜半岛、日本、东南亚各国所进行的运输；沿海是指我国沿海区域各港之间的运输，其范围包括自辽宁的鸭绿江口起，至广西壮族自治区的北仑河口止的大陆沿海，以及我国所属的诸岛屿沿海及其与大陆间的全部水域内的运输。这种区分主要是以船舶航程的长短和周转的快慢为依据的。

内河运输是指利用船舶、排筏和其他浮运工具，在江、河、湖泊、水库及人工水道上从事的运输。内河运输通常多利用天然河流，因此建设投资少，运输成本低。我国有大小湖泊900多个，天然河流5 000多条，总长约43万公里，并且大多数河流水量充沛，常年不冻，适宜航行。目前的通航河流有长江、珠江、黑龙江以及大运河等。

1. 水路运输的主要优点

（1）可以利用天然水道，与其他运输方式相比，水运对货物的载运和装卸要求不高，因而占地较少。

（2）水上航道四通八达，它的通航能力几乎不受限制。一般来说，水运系统的综合运输能力主要是由船队运输能力和港口通过能力所决定的。

(3) 可以实现大吨位、长距离的运输。水运的特点是运量大、成本低,非常适合大宗货物的运输。

2. 水路运输的主要缺点

(1) 船舶平均航速较低。

(2) 水路运输生产过程由于受自然条件影响较大,特别是受气候条件影响较大,因而呈现较大的波动性及不平衡性。

3. 水路运输的主要功能

根据水路运输的上述特点,在综合运输体系中,水路运输的功能主要是:

(1) 承担大批量货物,特别是集装箱运输。

(2) 承担原料、半成品等散货运输,如建材、石油、煤炭、矿石、粮食等。

(3) 承担国际贸易运输,系国际商品贸易的主要运输工具之一。

步骤二:认识水路运输船舶

船舶是指能航行或停泊于水域进行运输或作业的运输工具,按不同的使用要求具有不同的技术性能、装备和结构形式。这里仅介绍以载运货物为主的货船,其大部分舱位是用于堆储货物的货舱。货船的船型很多,大小悬殊,排水量可从数百吨至数十万吨。

1. 干散货船

干散货船(Bulk Cargo Ship)又称散装货船,是用以装载无包装的大宗货物的船舶,如图10-28所示。因为干散货船的货种单一,不需要包装成捆、成包、成箱的装载运输,不怕挤压,便于装卸,所以都是单甲板船。干散货船又包括以下几种类型:

图 10-28 散货船

(1) 灵便型散货船(Handysize Bulk Carrier)。它是指载重量在2~5万吨左右的散货船,其中超过4万吨的船舶又被称为大灵便型散货船(Handymax Bulk Carrier)。

(2) 巴拿马型散货船(Panamax Bulk Carrier)。顾名思义,该型船是指在满载情况下可以通过巴拿马运河的最大型散货船,即主要满足船舶总长不超过274.32 m,型宽不超过 32.30 m 的运河通航有关规定。该型船载重量一般在 6~7.5 万吨之间。

（3）好望角型散货船（Capesize Bulkcarrier）。是指载重量在 15 万吨左右的散货船，该船型以运输铁矿石为主，由于尺度限制，不可能通过巴拿马运河和苏伊士运河，需绕行好望角和合恩角，我国台湾地区称之为"海岬"型。

（4）大湖型散货船（Lake Bulk Carrier）。该型船尺度上要满足圣劳伦斯水道的通航要求，船舶总长不超过 222.50 m，型宽不超过 23.16 m，且桥楼任何部分不得伸出船体外，吃水不得超过各大水域最大允许吃水，桅杆顶端距水面高度不得超过 35.66 m。该型船一般在 3 万吨左右，大多配有起卸货设备。

2. 杂货船

杂货船（General Cargo Ship）又称普通货船、通用干货船，主要用于装载一般包装、袋装、箱装和桶装的件杂货物，如图 10-29 所示。

图 10-29 杂货船

由于件杂货物的批量较小，所以杂货船的吨位也比散货船和油船小。典型的载货量在 1~2 万吨左右，一般为双层甲板，配备完善的起货设备。

3. 冷藏船

冷藏船（Refrigerated Ship）最大的特点，就是其货舱实际上就是一个大型冷藏库，可保持适合货物久藏的温度，如图 10-30 所示。

图 10-30 冷藏船

4. 木材船

木材船（见图 10-31）是专门用以装载木材或原木的船舶。这种船舱口大，舱内无梁柱及其他妨碍装卸的设备。船舱及甲板上均可装载木材。为防甲板上的木材被海浪冲出舱外，在船舷两侧一般设置不低于 1 m 的舷墙。

图 10-31 木材船

5. 原油船

原油船（Oil Tanker）是专门用于载运原油的船舶，简称油船，如图 10-32 所示。由于原油运量巨大，油船载重量亦可达 50 多万吨，是船舶中最大的。超过 10 万吨的称为超级油轮（VLCC），30 万吨以上则称为极大型油轮（ULCC）。

图 10-32 油轮

6. 成品油船

成品油船（Product Carrier）是专门载运柴油、汽油等石油制品的船舶，其吨位较小，结构与原油船相似，但货舱需要特殊油漆，洗舱的要求也更为严格，有很高的防火、防爆要求。目前世界上最大的油轮已达 56 万吨。

7. 集装箱船

集装箱船(见图 10-33)可分为部分集装箱船、全集装箱船和可变换集装箱船三种。

图 10-33　集装箱船

部分集装箱船仅以船的中央部位作为集装箱的专用舱位,其他舱位仍装普通杂货。

全集装箱船指专门用以装运集装箱的船舶。它与一般杂货船不同,其货舱内有格栅式货架,装有垂直导轨,便于集装箱沿导轨放下,四角有格栅制约,可防倾倒。集装箱船的舱内可堆放三至九层集装箱,甲板上还可堆放三至四层。

可变换集装箱船的货舱内装载集装箱的结构为可拆装式的。因此,它既可装运集装箱,必要时也可装运普通杂货。

8. 滚装船

滚装船(见图 10-34)主要用来运送汽车和集装箱。这种船本身无须装卸设备,一般在船侧或船的首尾有开口斜坡连接码头。装卸货物时,或者是汽车,或者是集装箱(装在拖车上的)直接开进或开出船舱。这种船的优点是不依赖码头上的装卸设备,装卸速度快,可加速船舶周转。

9. 水泥船

水泥海运的方式主要有两种:一种是以自卸式水泥船(见图 10-35)装运,到港后利用船上的卸货装备将水泥卸到岸上;另一种是以散装货轮装运,到港后利用岸上卸货装备将水泥卸到岸上。从靠港时间、卸货时间、环保要求、收舱时效等因素来分析,自卸式水泥船在营运上占有很大的优势。

图 10-34 滚装船

图 10-35 水泥船

10. 液化气体船

由于气体密度低,贮存运输时会占较大的容积,因此在运输前先做液化处理,以降低气体的体积,提升运输经济效益。液化气体船(见图 10-36)就是专门运送液化后的气体到消费地区或中继站的海上专用运输工具。

图 10-36 液化气体船

步骤三：掌握船舶组成与性能

1. 船舶的组成

船舶由许多部分构成，按各部分的作用和用途，可综合归纳为船体、船舶动力装置、船舶舾装等部分。

(1) 船体。

船体是船舶的基本部分，可分为主体部分和上层建筑部分。

主体部分一般指上甲板以下的部分，它是由船壳（船底及船侧）和上甲板围成的具有特定形状的空心体，是保证船舶具有所需浮力、航海性能和船体强度的关键部分。其主要包括：

① 船壳。船壳即船的外壳，是将多块钢板铆接或电焊结合而成的，包括船底板、舭列板、舷侧板三部分。

② 船架。船架是指为支撑船壳所用各种材料的总称，分为纵材和横材两部分。纵材包括龙骨、纵骨和桁材；横材包括肋骨、船梁和舱壁。

③ 甲板。甲板是铺在船梁上的钢板，将船体分隔成上、中、下层。大型船甲板数可多至六七层，其作用是加固船体结构和便于分层配载及装货。

④ 船舱。船舱是指甲板以下的各种用途空间，包括船首舱、船尾舱、货舱、机器舱和锅炉舱等。船舱一般用于布置动力装置、装载货物、储存燃油和淡水，以及布置其他各种舱室。

上层建筑位于上甲板以上，由左、右侧壁，前、后端壁，以及各层甲板围成，其内部主要用于布置各种用途的舱室，如工作舱室、生活舱室、储藏舱室、仪器设备舱室等。上层建筑的大小、层楼和形式因船舶用途和尺度而异。

(2) 船舶动力装置。

船舶动力装置包括推进装置——主机经减速装置、传动轴系以驱动推进器（螺旋桨是主要的形式）；为推进装置的运行服务的辅助机械设备和系统，如燃油泵、润滑油泵、冷却水水泵、加热器、过滤器、冷却器等；船舶电站，为船舶的甲板机械、机舱内的辅助机械和船上照明等提供电力；其他辅助机械和设备，如锅炉、压气机、船舶各系统的泵、起重机械设备、维修机床等。通常把主机（及锅炉）以外的机械统称为辅机。

(3) 船舶舾装。

船舶舾装包括舱室内装结构（内壁、天花板、地板等）、家具和生活设施（炊事、卫生等）、涂装和油漆、门窗、梯和栏杆、桅杆、舱口盖等。

(4) 船舶的其他装置和设备。

除推进装置外，还有锚设备与系泊设备，舵设备与操舵装置，救生设备，消防设备，船内外通信设备，照明设备，信号设备，导航设备，起货设备，通风、空调和冷藏设备，海水和生活用淡水系统，压载水系统，液体舱的测深系统和透气系统，舱底水系统，船舶电气设备，其他特殊设备（依船舶的特殊需要而定）。

2. 船舶的主要技术特征

船舶的主要技术特征有船舶排水量、船舶主尺度、船体系数、舱容和登记吨位、船体型线图、船舶总布置图、船体结构图、主要技术装备的规格等。

（1）船舶排水量。根据阿基米德原理,船体水线以下所排开水的重量,即为船舶的浮力,并等于船舶总重量,称为船舶排水量。

（2）船舶主尺度。其包括总长、设计水线长度、垂线间长、最大船宽、型宽、型深、满载（设计）吃水等。钢船型尺度的度量指量到船壳板内表面的尺寸,称型宽和型深;水泥船、木船等则指量到船体外表面的尺寸。

（3）舱容。舱容指货舱、燃油舱、水舱等的体积,它从容积能力方面表征船舶的装载能力、续航能力,影响着船舶的营运能力。登记吨位是历史上遗留下的用以衡量船的装载能力的度量指标,作为买卖船舶,纳税、服务收费的依据之一。登记吨位和载重量分别反映船舱的容积能力和船的载重能力。它们虽互有联系,但属不同的概念。

3. 船舶的主要性能

船舶的主要性能有浮性、稳性、抗沉性、快速性、耐波性、操纵性和经济性等。

（1）浮性是指船在各种装载情况下,能浮于水中并保持一定的首尾吃水和干舷的能力。根据船舶的重力和浮力的平衡条件,船舶的浮性关系到装载能力和航行的安全。

（2）稳性是指船受外力作用离开平衡位置而倾斜,当外力消失后,船能恢复到原平衡位置的能力。稳性是与船舶安全密切相关的一项重要性能。有关规范规定了各类船舶应具备的稳性标准,所有船舶必须达到规定的指标要求。为使船舶具有良好的稳性,可采取措施降低船舶的重心,减小上层建筑受风面积等措施。

（3）抗沉性是指船体水下部分如发生破损,船舱淹水后仍能浮于水面而不沉和不倾覆的能力。船舶主体部分的水密分舱的合理性、分舱甲板的干舷值和船舶稳性的好坏等,是影响抗沉性的主要因素。安全限界线是指船侧舱壁甲板边线下 76 mm 平行于甲板边线的曲线。按《国际海上人命安全公约》的规定,船舶遭受海损船舱进水后,其吃水应不超过安全限界线。

（4）快速性是表征船在静水中直线航行速度与其所需主机功率之间关系的性能。它是船舶的一项重要技术指标,对船舶营运开支影响较大。船舶快速性涉及船舶阻力和船舶推进两个方面。合理地选择船舶主尺度、船体系数和线型,是降低船舶阻力的关键。

（5）耐波性是指船舶在风浪中遭受由于外力干扰所产生的各种摇荡运动及抨击上浪、失速飞车和波浪弯矩等,仍具有足够的稳性和船体结构强度,并能保持一定的航速安全航行的性能。耐波性不仅影响船上乘员的舒适和安全,还影响船舶安全和营运效益等,因而日益受到重视。

船在波浪中的运动有横摇、纵摇、首尾摇,以及垂荡（升沉）、横荡和纵荡六种,几种运动同时存在时便形成耦合运动,其中影响较大的是横摇、纵摇和垂荡。溅浸性主要是由于纵摇和垂荡所造成的船体与海浪的相对运动,增加干舷特别是首部干舷,加大首部水上部分的外飘,是改善船舶溅浸性的有效措施。

(6) 操纵性是指船舶能按照驾驶者的操纵保持或改变航速、航向或位置的性能,主要包括航向稳定性和回转性两个方面。它是保证船舶航行中少操舵、保持最短航程、靠离码头灵活方便和避让及时的重要环节,关系到船舶航行安全和营运经济性。

(7) 经济性是指船舶投资效益的大小。它是促进新船型的开发研究、改善航运经营管理和发展造船工业的最活跃因素,日益受到人们重视。船舶经济性属船舶工程经济学研究的内容,它涉及使用效能、建造经济性、营运经济性和投资效果等指标。

步骤四:了解港口分类

1. 按用途分

(1) 货主港,是附属于某工矿企业,主要为企业自己使用的港口。

(2) 商业港,是供商船进出使用的公共性质的港口。

(3) 军用港,是用于军事目的的设施。

(4) 通风港,是具有良好的天然地势,为船只躲避台风等灾害而设置的港口。

2. 按地理条件分

(1) 河口港,位于河流入海处的港口,世界上有许多大的港口都是河口港,如鹿特丹港、上海港等。

(2) 海港,位于海岸线上的港口,如北仑港、大连港等。

(3) 河港,位于河流沿岸上的港口,如长江上的南京港、武汉港。

(4) 湖港,位于湖泊岸壁的港口。

(5) 水库港,位于水库岸壁的港口。

3. 从运输角度分

(1) 支线集散型港口。这类港口拥有较小的码头或部分中型码头,主要挂靠支线运输船舶和短程干线运输船舶。世界上的大多数港口均属此类。

(2) 海上转动型港口。这类港口拥有大型码头,地理位置优越,在水路运输发展的过程中已成为海上运输主要航线的连接点,同时又成为支线的汇集点,其主要功能是在港区范围接收、堆存货物和装船发送货物。

(3) 水陆腹地型港口。这类港口是国际运输主要航线的端点港,与内陆发达的交通运输网相连接,是水陆交通的枢纽。它们的主要功能是服务于内陆腹地货物的集散运输,同时兼营海上转运业务。

步骤五:掌握港口设施与设备分类

1. 港区生产设施与设备

(1) 生产建筑,指水运企业进行主要生产工艺过程的建筑物。在港口中,如码头、仓库、货场、客运站、铁路、道路等;在修造船企业中,如船坞、船台、轮机车间、船体车间等。

(2) 辅助生产建筑,指为水运企业提供辅助生产服务的建筑物,如港口的

流动机械库、修理厂(所)、供应站、航修站、变电所、候工室、作业区办公室、消防站、通信建筑及港务管理办公建筑等。

(3) 港区作业调度室,指港口日常装卸作业、生产的指挥中心。其任务是根据国家运输计划,结合港口的具体情况,按任务轻、重、缓、急编制港口生产作业计划;合理组织和指挥船舶与港口的生产活动;协调船港作业,加强水运与其他交通运输和物资部门的紧密配合,及时处理在生产中出现的多种问题;充分发挥港口的生产潜力,多快好省地保证完成国家运输计划。调度室一般设在港口装卸作业最中心的位置,并装设有与各有关方面联系的有线和无线电话及各种先进的电子装置。

(4) 候工室,指港口作业区工人交接班、候工、临时配工和休息的场所,一般设在前方仓库的后方或在工人食堂、浴室附近。

(5) 港口机械,如港口起重机械、港口输送机械、港口装卸搬运车辆等。

2. 港口集疏运设施

(1) 港区道路,指港内通行各种流通机械、运输车辆和人行的道路。港区道路联系码头、仓库、货场、前后方之间和港内与港外之间的交通,为减少行车干扰,便利消防,港区道路一般布置成环行系统。在主要装卸区和车辆、机械行驶较多的地区,路面结构多用混凝土和沥青混凝土铺面。

(2) 港口铁路,指在港口范围内专为港口货物装卸、转运的铁路线路及设备,一般由港口车站、港区车场、码头线和库场货物线等组成。在作业量不是很大,距路网上编组站较近时,港口车站可与之合并;如作业量较小,车流性质较单纯,则港口专用线可直接与路网上的编组站或其他车站相连接。

(3) 港口铁路专用线,指不包括在铁路网的线路之内,而以轨道与铁路网的线路相连接,直接伸入港口(码头和库场等)的线路。专用线可连接货物站、区段站或编组站,根据地形条件,也可连接在中间站或站与站间的线路上。

(4) 码头铁路线,指码头上直接为船舶装卸服务的铁路线。线路的布置取决于码头的位置和形式、机械设备的类型、货物的种类和性质、直取作业比重等。直取作业量较小,可设一股铁路线;如码头泊位数较多,为了能由各个泊位取送车辆而不需一次将整个码头上的车辆都取走,应设两股码头线,并在一至两个泊位之间设过渡线;如码头很长,泊位数多,可设三股码头线。但这种方式比较少,容易引起作业混乱。

步骤六:掌握货物及在港作业方式

1. 货种与装运方式

从运输、存储条件和装卸工艺的角度考虑,货物可分为四大类:件杂货、干散货、

液体货和集装箱货。

(1) 件杂货。凡成件运输和保管的货物,不论有无包装,都可称为件杂货。它们的形式、形状、大小及重量各不相同,种类繁多。包装货常见有袋装、捆装、箱装、桶装、篓装和罐装等。无包装的大宗零散件货,如金属及其制品、木材等;单个大件货,如机械设备、金属构件等。件杂货由于单件重量小,影响装卸设备的生产率,为了提高装卸效率,可用网络、绳扣、货板等成组工具装卸,提高装卸单元的重量,使零散的、单件的件杂货组装成比较统一的成组件杂货,成组工具随货运转,成组件一般每件重 1.5~3 t。

(2) 干散货。包括散装谷物、煤炭、矿石、散装水泥、矿物性建筑材料及化学性质比较稳定的块状或粒状货物。常见的散装谷物有小麦、玉米、大米、大豆等。煤炭是一种大宗散货,种类繁多。矿石种类很多,大宗运输的有铁矿石、磷矿石、锰矿石等。矿物性建筑材料有沙、碎石、石材等。干散货通常是大宗的,因此常为其设置专用码头。

(3) 液体货。包括石油、石油产品、植物油和液化气等,大量通过港口的原油和成品油,属于易燃液体。易燃液体按闪点分级。闪点是液体挥发出的气体和空气的混合物,在正常的大气压力下遇到火星能闪起火花,但液体本身尚未燃烧的最低温度。原油闪点为 36℃~38℃,汽油闪点小于 28℃,煤油闪点为 28℃~45℃,柴油闪点为 45℃~120℃。闪点低于 28℃ 为一级,高于 45℃ 为三级,中间为二级。在运输装卸易燃液体时,要特别注意遵守相应的安全规则。

(4) 集装箱货。在国际贸易中,将货物分为 56 类,其中最佳装箱货类约 32 类,主要是易损、易盗的高价商品,如酒类、药品、纺织品、电器、光学仪器、仪表、照相机、高级服装和冷藏品等。用集装箱把品种繁杂、单元小的件杂货集装成规格化重件,可大大提高装卸效率,缩短船舶在港时间,减少货损货差,节省包装费用,简化理货手续,便于多式联运、雨天装卸,从而大大降低货物运输成本。集装箱运输的发展引起船型、装卸工艺、码头布置,乃至港口营运等一系列改革,实现了货物从生产厂门经过各运输环节直到用户门,中间不需拆装的"门到门"运输。

由于货物装运方式不同,促使出现相应的专用船,也常是将港口划分为不同港区或专业化港区的重要依据。

2. 货物在港内作业方式

货物通过港口一般要经过装卸、存储和短途运输三个环节。

操作过程是根据一定装卸工艺完成一次货物的搬运作业过程,通常有以下五种形式:

(1) 卸车装船,或卸船装车(船—车)。

(2) 卸车入库,或出库装车(库—车)。

(3) 卸船入库,或出库装船(库—船)。

(4) 卸船装船(船—船)。

(5) 库场间倒载搬运(库—库)。

装卸过程是货物从进港到出港所进行的全部作业过程,由一个或多个操作过程所组成。

一般货物陆运进港,海运出港,其装卸过程一般由三种不同形式来完成:① 货物由车直接装船离港;② 货物在前方库场或二线库场存储一段时间后再装船离港;③ 先在二线库场存储,再经由前方库场装船离港。三种情况的装卸过程分别为一个操作过程、两个操作过程和三个操作过程。有时还有经驳船再装船的装卸过程。港驳或内河船与海船操作过程可以在靠码头船舶外挡进行,也可以在锚地进行。货物在港内作业方式还应包括船舱内作业,这往往是作业效率最低的环节。

经过操作过程的货物数量叫操作量,它的计算单位是操作吨,是反映装卸工作量的主要指标。1 t货物从进港起到出港止,不管经过多少次操作,只算1 t装卸量(亦称自然吨)。

同时,现代港口通过"分运中心"产生增值活动,而不是单纯存储。增值活动可采用多种形式,如货物并箱、分箱,对货物包装,加标签,称重,简单组装、加工,对货物清单和货物运用情况提供最近信息等。

应用训练

1. 阐述水路运输的特点。
2. 回忆常见的货船有哪些。
3. 阐述水路运输涉及的常见设备。

拓展提升

一、水路运输的形式

1. 沿海运输

沿海运输是使用船舶通过大陆附近沿海航道运送客货的一种方式,一般使用中、小型船舶。

2. 近海运输

近海运输是使用船舶通过大陆邻近国家海上航道运送客货的一种运输形式,视航程既可使用中型船舶,也可使用小型船舶。

3. 远洋运输

远洋运输是使用船舶跨大洋的长途运输形式,主要依靠运量大的大型船舶。

4. 内河运输

内河运输是使用船舶在陆地内的江、河、湖、川等水道进行运输的一种方式,主要使用中、小型船舶。

二、中国主要的海运航线

1. 近洋航线

(1) 港澳线——到香港、澳门地区。

(2) 新马线——到新加坡、马来西亚的巴生港(Port Kelang)、槟城(Penang)和马六甲(Malacca)等港。

(3) 暹罗湾线,又可称为越南、柬埔寨、泰国线——到越南海防、柬埔寨的磅逊和泰国的曼谷等港。

(4) 科伦坡、孟加拉湾线——到斯里兰卡的科伦坡和缅甸的仰光、孟加拉的吉大港和印度东海岸的加尔各答等港。

(5) 菲律宾线——到菲律宾的马尼拉港。

2. 远洋航线

(1) 地中海线——到地中海东部黎巴嫩的贝鲁特、的黎波里,以色列的海法、阿什杜德,叙利亚的拉塔基亚,地中海南部埃及的塞得港、亚历山大,突尼斯的首都突尼斯,阿尔及利亚的阿尔及尔、奥兰,地中海北部意大利的热那亚,法国的马赛,西班牙的巴塞罗那和塞浦路斯的利马索尔等港。

(2) 西北欧线——到比利时的安特卫普,荷兰的鹿特丹,德国的汉堡、不来梅,法国的勒弗尔,英国的伦敦、利物浦,丹麦的哥本哈根,挪威的奥斯陆,瑞典的斯德哥尔摩和哥德堡,芬兰的赫尔辛基等港。

(3) 美国加拿大线——包括加拿大西海岸港口温哥华,美国西岸港口西雅图、波特兰、旧金山、洛杉矶,加拿大东岸港口蒙特利尔、多伦多,美国东岸港口纽约、波士顿、费城、巴尔的摩、波特兰和美国墨西哥湾港口的莫比尔、新奥尔良、休斯敦等港。美国墨西哥湾各港也属美国东海岸航线。

(4) 南美洲西岸线——到秘鲁的卡亚俄,智利的阿里卡、伊基克、瓦尔帕莱索、安托法加斯塔等港。

三、船籍、船旗、船级

1. 船籍

船籍是指船舶的国籍。商船的所有人向本国或外国有关管理船舶的行政部门办理所有权登记,取得本国或登记国国籍后才能取得船舶的国籍。

2. 船旗

船旗是指商船在航行中悬挂其所属国的国旗。船旗是船舶国籍的标志。按国际法规定，商船是船旗国浮动的领土，无论在公海或在他国海域航行，均需悬挂船籍国国旗。船舶有义务遵守船籍国法律的规定并享受船籍国法律的保护。

方便旗船(Flag of Convenience)是指在外国登记，悬挂外国国旗并在国际市场上进行营运的船舶。第二次世界大战以后，方便旗船迅速增加，挂方便旗的船舶主要属于一些海运较发达的国家和地区，如美国、希腊、日本、中国香港和韩国的船东。他们将船舶转移到外国去进行登记，以规避国家重税和军事征用，自由制订运价不受政府管制，自由处理船舶与运用外汇，自由雇佣外国船员以支付较低工资，降低船舶标准以节省修理费用，降低营运成本以增强竞争力等。而公开允许外国船舶在本国登记的所谓"开放登记"(Open Register)国家，主要有利比里亚、巴拿马、塞浦路斯、新加坡、巴拿马及百慕大等国。通过这种登记可为登记国增加外汇收入。

3. 船级

船级是表示船舶技术状态的一种指标。在国际航运界，凡注册总吨在 100 t 以上的海运船舶，必须在某船级社或船舶检验机构监督之下进行监造。在船舶开始建造之前，船舶各部分的规格须经船级社或船舶检验机构批准。每艘船建造完毕，由船级社或船舶检验局对船体、船上机器设备、吃水标志等项目和性能进行鉴定，发给船级证书，证书有效期一般为 4 年，期满后需重新予以鉴定。

船舶入级可保证船舶航行安全，有利于国家对船舶进行技术监督，便于租船人和托运人选择适当的船只，以满足进出口货物运输的需要，也便于保险公司决定船、货的保险费用。

世界上比较著名的船级社有英国劳埃德船级社(LR)、德国劳埃德船级社(GL)、挪威船级社(DNV)、法国船级局(BV)、日本海事协会等。

四、船舶的重量性能

在海上货物运输中，船舶的重量性能表示船舶装载货物能力的大小，它分为船舶排水量和载重量，其计量单位为吨(t)。通常军舰的大小以船舶排水量表示，货船的大小以船舶载重量表示。

1. 船舶排水量

船舶排水量是指船体自由浮于静水中保持静态平衡时所排开同体积水的重量。船舶排水量可分为以下两种：

(1) 空船排水量，指船舶的空船重量，为船体、船机、锅炉、各种设备、锅炉中的燃料和水、冷凝器中的淡水等重量的总和。新船空船排水量是一定值，数据可查船舶资料。

(2) 满载排水量，指船舶的空船排水量加上全部可变载荷(货物或旅客，航次所需的燃料、淡水、压载水、食物、船员和行李、供应品、备品及船舶常数)后的重量。它通常指夏季满载排水量。

2. 船舶载重量

船舶载重量指船舶载重能力的大小。具体可分为以下两种：

（1）总载重量（DW），指船舶在任意吃水状况下所能装载的最大重量，为货物或旅客、燃物料、淡水、船员和行李、供应品和备品等航次储备量及船舶常数的总和，其值等于该吃水下的船舶排水量与船前空载排水量之差。

总载重量是随船舶排水量的变化而变化的，与航行区域和航行季节有关。在实际应用和船舶资料中，总载重量一般指夏季船舶满载排水量与船舶空载排水量之差，其值为定值。

（2）净载重量（NDW），指船舶在具体航次中所能装载货物的最大重量，与航次总储备量和船舶常数有关，其值等于总载重量与航次总储备量和船舶常数之差。

总载重量表示船舶载重能力的大小，净载重量表示船舶载货能力的大小。它们都是水上运输管理中计算航次货运量的依据。

3. 船舶载重线

船舶载重线指船舶满载时的最大吃水线。它是绘制在船舷左右两侧船舶中央的标志，指明船舶入水部分的限度。船舶干舷是指在船中处由干舷甲板线的上边缘向下量到满载载重线上表面的垂直距离。因此，载重线关系到船舶干舷大小，船舶干舷大，可使船舶航行安全，但所载货物减少对经营不利；船舶干舷小，会给船舶、货物以及船员、旅客生命带来威胁，涉及保险公司承担风险的大小。因此，必须加以统一规定。目前生效的是《1966年国际船舶载重线公约》。船级社或船舶检验局根据船舶的结构、船型、适航性和抗沉性等因素，以及船舶航行的区域及季节变化等制订船舶载重线标志。

任务四
认识与管理航空、管道运输设备

任务目标

知识目标：
认识航空、管道运输的特点。

能力目标：
1. 说出常见的航空、管道运输装备；
2. 能说出管道维护的方法。

任务实施

步骤一：了解航空运输的特点

航空运输之所以能在短短半个多世纪内得到快速的发展，是与其自身的特点分不开的。与其他运输方式相比，航空运输主要有以下几个优点。

1. 速度快

速度快是航空运输的最大特点和优势。现代喷气式客机的巡航速度为 800～900 km/h，比汽车、火车快 5～10 倍，比轮船快 20～30 倍。距离越长，航空运输所能节约的时间越多，快速的特点也越显著。对于那些易腐烂、变质的鲜活商品，时效性、季节性强的报刊、节令性商品，以及抢险、救急品的运输，显得尤为突出。运送速度快，在途时间短，也使货物在途风险降低，因此许多贵重物品、精密仪器也往往采用航空运输的形式。

2. 机动性大

不受地面条件的影响，深入内陆地区。航空运输利用天空这一自然通道，不受地理条件的限制。飞机在空中飞行，受航线条件限制的程度比汽车、火车、轮船小得多。它可以将地面上任何距离的两个地方连接起来，可以定期或不定期飞行。尤其对灾区的救援、供应，以及边远地区的急救等紧急任务，航空运输已成为必不可少的手段。

3. 舒适、安全

喷气式客机的巡航高度一般在 10 km 左右，飞行不受低空气流的影响，平稳舒适。现代民航客机的客舱宽敞，噪声小，机内有供膳、视听等设施，旅客乘坐的舒适程度较高。与其他运输方式比,航空运输的安全性较高,货物的破损率较低,如果采用空运集装箱的方式运送货物,则更为安全。

4. 基本建设周期短、投资少

要发展航空运输,从设备条件上讲,只要添置飞机和修建机场。这与修建铁路和公路相比,一般建设周期短,占地少,投资少,收效快。

5. 节约包装、保险、利息等费用

由于采用航空运输方式,货物在途时间短,周转速度快,企业存货可以相应地减少。一方面有利于资金的回收,减少利息支出;另一方面也可以降低企业的仓储费用。又由于航空货物运输安全、准确,货损、货差少,所以保险费用较低。与其他运输方式相比,航空运输的包装简单,包装成本减少,这些都使得企业隐性成本下降,收益增加。

航空运输的主要缺点是飞机的机舱容积和载重量都比较小,对大件货物或大批量货物的运输有一定的限制。飞机的运载成本和运价也比地面运输高。由于飞行受一定的气候条件限制,容易受恶劣气候影响,准时性难以保证。此外,航空运输速度快的优点在短途运输中难以充分发挥出来。因此,航空运输比较适宜 500 km 以上的长途客运,以及时间性强的鲜活易腐和价值高的货物的中长途运输,不适合低价值货物的运输。

步骤二:掌握航空器

航空器(见图 10-37、图 10-38)是指在大气层中飞行的飞行器,包括飞机、飞艇、气球及其他任何借空气反作用力得以飞行于大气中的器物。无动力装置的滑翔机、以旋翼作为主要升力面的直升机以及在大气层外飞行的航天飞机都不属于飞机的范围。但在日常生活中,有人习惯性地将气球、飞艇以外的航空器泛称为飞机。

图 10-37 波音飞机　　　　图 10-38 运输直升机

1. 飞机的类型

飞机依其分类标准的不同,可以有以下几种划分方法:

(1) 按飞机的用途划分,有国家航空飞机和民用航空飞机之分。国家航空飞机是指军队、警察和海关等使用的飞机,民用航空飞机主要是指民用飞机和直升飞机,民用飞机指民用的客机、货机和客货两用机。

客机主要运送旅客,一般行李装在飞机的深舱。由于直到目前为止,航空运输仍以客运为主,客运航班密度高、收益大,所以大多数航空公司都采用客机运送货物。不足的是,由于舱位少,每次运送的货物数量十分有限。全货机运量大,可以弥补客机的不足,但经营成本高,只限在某些货源充足的航线使用。客货混合机可以同时在主甲板运送旅客和货物,并根据需要调整运输安排,是最具灵活性的一种机型。

(2) 按飞机发动机的类型划分,有螺旋桨式飞机和喷气式飞机之分。螺旋桨式飞机利用螺旋桨的转动将空气向机后推动,借其反作用力推动飞机前进,所以螺旋桨的转速越高,飞机的飞行速度越快。但当螺旋桨的转速高到某一程度时,会出现"空气阻碍"的现象,即螺旋桨四周已成真空状态,再加快螺旋桨的转速,飞机的速度也无法再提升。

喷气式飞机最早由德国人在20世纪40年代制成,是将空气多次压缩后喷入飞机燃烧室内,使空气与燃料混合燃烧后产生大量气体以推动涡轮,然后于机后以高速度将空气排出机外,借其反作用力使飞机前进。它的结构简单,制造、维修方便,速度快(一般时速可达500～600 mile,1 mile=1 609.344 m),节约燃料费用,装载量大(一般可载客400～500人或100 t货物),使用率高(每天可飞行16 h),所以目前已经成为世界各国机群的主要机种。

超音速飞机是指航行速度超过音速的喷气式飞机,如英法在20世纪70年代联合研制成功的协和式飞机。目前超音速飞机由于耗油大、载客少、造价昂贵、使用率低,使许多航空公司望而却步。又由于它的噪声很大,被许多国家的机场以环境保护的理由拒之门外,或者被限制在一定的时间内起降,这更限制了它的发展。

(3) 按飞机的发动机数量划分,有单发动机飞机、双发动机飞机、三发动机飞机、四发动机飞机之分。

(4) 按飞机的航程远近划分,有远程、中程、近程飞机之分。远程飞机的航程为11 000 km左右,可以完成中途不着陆的洲际跨洋飞行。中程飞机的航程为3 000 km左右,近程飞机的航程一般小于1 000 km。近程飞机一般用于支线,因此又被称为支线飞机。中、远程飞机一般用于国内干线和国际航线,因此又被称为干线飞机。

我国民航总局按飞机客座数将飞机划分为小型、中型和大型飞机,飞机的客座数在100座以下的为小型,100～200座之间为中型,200座以上的为大型。航程在2 400 km以下的为短程,2 400～4 800 km之间的为中程,4 800 km以上的为远程,但分类标准是相对而言的。

2. 飞机的组成

飞机主要由机翼、机身、动力装置、起落装置、操纵系统等部件组成。

(1) 机翼。机翼是为飞机飞行提供升力的部件。机翼受力构件包括内部骨架、外部蒙皮以及与机身连接的接头。

(2) 机身。机身是装载人员、货物、燃油、武器、各种装备和其他物资的部件,连接机翼、尾翼、起落架和其他有关构件。

(3) 动力装置。飞机飞行速度提高到需要突破"音障"时,要用结构简单、重量轻、推力大的涡轮喷气式发动机。涡轮喷气式发动机包括进气道、压力机、燃烧室、涡轮和尾喷管五部分。

(4) 起落装置。飞机起落装置使飞机能在地面或水面上平顺地起飞、着陆、滑行停放,由吸收着陆撞击的能量机构、减震器、机轮和收放装置组成。改善起落性能的装置包括增举装置、起飞加速器、机轮刹车和阻力伞或减速伞等。

(5) 操纵系统。飞机操纵系统分为主操纵系统和辅助操纵系统。主操纵系统对升降舵、方向航和副翼三个主要操纵面进行操纵,辅助操纵系统对调整片、增举装置和水平安定面等进行操纵。

3. 飞机的常用参数

(1) 机长,指飞机机头最前端至飞机尾翼最后端之间的距离。

(2) 机高,指飞机停放地面时,飞机尾翼最高点的离地距离。

(3) 翼展,指飞机左右翼尖之间的距离。

(4) 最大起飞重量,指飞机试航证上所规定的该型飞机在起飞时所许可的最大重量。

(5) 最大着陆重量,指飞机在着陆时允许的最大重量。它由飞机制造厂和民航当局所规定,要考虑着陆时的冲击对起落架和飞机结构的影响。大型飞机的最大着陆重量小于最大起飞重量,中小飞机两者差别不大。

(6) 飞机基本重量,指除商务载重(旅客及行李、货物邮件)和燃油外,飞机做好执行飞行任务准备的飞机重量。

4. 飞机的飞行性能

飞机的飞行性能是评价飞机性能优劣的主要指标。它主要包括下列几项:

(1) 最大平飞速度。飞机的最大平飞速度是在发动机最大功率或最大推力时飞机所获得的平飞速度,其单位是"km/h"。影响飞机最大平飞速度的主要因素是发动机的推力和飞机的阻力。由于发动机推力、飞机阻力与高度有关,所以在说明最大平飞速度时,要明确是在什么高度上达到的。通常飞机不用最大平飞速度长时间飞行,因为耗油太多,而且发动机容易损坏。

(2) 巡航速度。巡航速度是指发动机每公里消耗燃油最少情况下的飞行速度,其单位是"km/h"。这时飞机的飞行最经济,航程也最远,发动机也不大"吃力"。

(3) 爬升率。飞机的爬升率是指单位时间内飞机上升的高度,其单位是"m/s"。

爬升率大,说明飞机爬升快,上升到预定高度所需的时间短。爬升率与飞行高度有关。随着飞行高度增加,空气密度减少,发动机推力降低,所以一般最大爬升率在海平面时,随着高度增加而减小。

(4) 升限。飞机上升所能达到的最大高度,叫作升限。

(5) 航程及续航时间。航程是指飞机一次加油所能飞越的最大距离,用巡航速度飞行可取得最大航程。增加航程的主要办法有多带燃料、减小发动机的燃料消耗和增大升值比。续航时间是指飞机加油后,在空中所能持续飞行的时间。

步骤三:认识航线

航线包括国内航线和国外航线。目前,世界航空货运已形成一个全球性的运输网和若干运输枢纽,主要的运输枢纽如表10-5所示。

表10-5 国际主要的航空运输枢纽

地 区	主要城市
亚 洲	北京、上海、东京、中国香港、马尼拉、曼谷、新加坡、雅加达、仰光、加尔各答、孟买、新德里、卡拉奇、德黑兰、贝鲁特、吉达
欧 洲	伦敦、巴黎、法兰克福、苏黎世、罗马、维也纳、柏林、哥本哈根、华沙、莫斯科、布加勒斯特、雅典、里斯本
北 美	纽约、华盛顿、芝加哥、蒙特利尔、亚特兰大、洛杉矶、旧金山、西雅图、温哥华、火奴鲁鲁
非 洲	开罗、内罗毕、约翰内斯堡、布拉柴维尔、拉各斯、阿尔及尔
拉 美	墨西哥城、加拉加斯、里约热内卢、圣地亚哥、利马
大洋洲	悉尼、奥克兰、帕皮提

步骤四:掌握航空港

航空港为航空运输的经停点,又称航空站或机场,是供飞机起飞、降落和停放及组织、保障飞机活动的场所。

世界主要的货运机场有法国的戴高乐机场、德国的法兰克福机场(见图10-39)、荷兰阿姆斯特丹的斯希普霍尔机场、英国的希思罗机场、美国的芝加哥机场(见图10-40)、日本的成田机场、中国香港的赤鱲角机场等,都是现代化、专业化程度较高的大型国际货运空中枢纽,每年的货运量都在数10万吨以上。

航空港按照所处的位置分为干线航空港和支线航空港。按业务范围分为国际航空港和国内航空港。其中,国际航空港需经政府核准,可以用来供国际航线的航空器起降营运,航空港内配有海关、移民、检疫和卫生机构。而国内航空港仅供国内航线的航空器使用,除特殊情况外不对外国航空器开放。

图 10-39　德国的法兰克福机场　　　　图 10-40　美国的芝加哥机场

航空港内配有以下设施：跑道与滑行道、停机坪、指挥塔或管制塔、助航系统、输油系统、维护修理基地、货站、其他各种公共设施。

(1) 跑道，供航空器起降。跑道体系由结构道面、道肩、防吹坪和跑道安全地带组成。结构道面在结构荷载、运转、控制、稳定性等方面支撑飞机；道肩抵御喷气气流的吹蚀，并承载维护和应急设备；防吹坪防止紧邻跑道端的表面地区受各种喷气气流吹蚀；跑道安全地带支撑应急和维护设备以及可能发生的转向滑出的飞机。

(2) 滑行道，是航空器在跑道与停机坪之间出入的通道，提供从跑道到航站区和维修库的通道。

(3) 停机坪，供飞机停留的场所，也可称为试车坪或预热机坪，设置于邻近跑道端部的位置。

(4) 机场地面交通，包括出入机场交通和机场内交通两部分。出入机场交通设施包括旅客和货物车辆进出通道、站台及航站楼等。机场内交通设施包括供旅客、接送者、访问者、机场工作人员使用的公用通道，供特准车辆出入的公用服务设施和非公用服务道路，供航空货运车辆出入的货运交通通道。

(5) 指挥塔或管制塔，为航空器进出航空港的指挥中心，其位置应有利于指挥与航空管制，维护飞行安全。

(6) 助航系统，是为辅助飞机安全飞行的设施，包括通信、气象、雷达、电子及目视助航设备。

(7) 输油系统，为航空器补充油料。

(8) 维护修理基地，为航空器归航以后或起飞以前做例行检查、维护、保养和修理。

(9) 货运设施，货运量大的机场应将处理货物运输的系统与旅客运输系统分开。机型大型化后导致客货混合作业时间的延长，规划机坪门位系统时应考虑货物处理问题。

航空货物包括空运货物和航空邮件。空运货物在飞机与航站楼之间由航空公司或货运商运送,需要提供运货货车专门道路;航空邮件通常是用车辆直接运送至机场邮件中心。

采用高效率的装卸设备,常见的是装卸—运输联合机,升降式装卸机适用于不同机舱高度的飞机。

(10) 其他各种公共设施,包括给水、电、通信交通、消防系统等。

步骤五:认识航空集装设备

航空运输中的集装设备主要是指为提高运输效率而采用的托盘和集装箱等成组装载设备。为使用这些设施,飞机的甲板和货舱都设置了与之配套的固定系统。由于航空运输的特殊性,这些集装设备无论从外形构造还是技术性能指标都具有自身的特点。以集装箱为例,就有主甲板集装箱和底甲板集装箱之分。我们在海运中常见的 40 ft 和 20 ft 的标准箱只能装载在宽体飞机的主甲板上。

步骤六:了解管道运输的特点

管道运输是国民经济综合运输的重要组成部分之一,也是衡量一个国家的能源与运输业是否发达的特征之一。目前,长距离、大管径的输油气管道均由独立的运营管理企业来负责经营和管理。

管道运输多用来输送流体(货物),如原油、成品油、天然气及固体煤浆等。它与其他运输方式(铁路、公路、海运、河运)相比,主要区别在于驱动流体的输送工具是静止不动的泵机组、压缩机组和管道。泵机组和压缩机组给流体以压力能,使其沿管道连续不断地向前流动,直至运输到指定地点。

1. 管道运输的优点

(1) 运量大。一条输油管道线可以源源不断地完成输送任务;一条管径为 720 mm 的管道年输原油量约为 2 000 万吨,相当于一条铁路的全部运量;一条管径为 1 220 mm 的管道年输量可达 1 亿吨以上,而每 100 km 的操作人员仅为铁路运输的一半,为公路汽车运输的 1/9。

(2) 占地少。受地形地物的限制少,一般不需绕行,可以缩短运输距离。投资与施工周期在铁路的一半以下,占地只有铁路的 1/9。

(3) 管道输送建设周期短,费用低。据国外资料显示,管输成本约为铁路输送成本的 22%。在美国,长输管输油的能耗约为铁路运输的 1/7~1/12。由于我国的管道工程尚处于发展阶段,优势未能充分发挥出来,在降低运输成本方面还有提高的空间。

(4) 管道运输耗能少,成本低,效益好。

(5) 管道运输安全可靠,连续性强。由于深埋地下、密闭输送,能够长期连续地稳定运行,不受气候和其他交通事故的影响,油气损耗小,无噪声,对环境污染小。

(6) 易于全面实现自动化管理。易于实现远程集中监控,便于管理。现代化管道运输系统的自动化程度很高,劳动生产率高。

2. 管道运输的缺点

(1) 灵活性差。承运的货物比较单一,一般只适用于定点、量大的流体单向运输。

(2) 经济输量范围小。如直径 1 020 mm 的管道最佳输量为 4 200 万吨,增加或减少输量均会造成成本增加。

(3) 管道输送量的极限受泵的能力、加压站间距、管子强度及直径等限制,临时增减输量较为困难,且不能停输、反输。

(4) 管道运输起输量高,导致油田开发初期产量低而难于采用管道输送。

步骤七:了解管道运输设施的组成

管道运输设施由管道线路设施、管道站库设施和管道附属设施三部分组成。

1. 线路设施

管道的线路设施是管道运输的主体,主要有石油管道和天然气管道。

(1) 管道本体,由钢管及管阀件组焊接而成。

(2) 管道防腐保护设施,包括阴极保护站、阴极保护测试桩、阳极地床和杂散电流排流站。

(3) 管道水工防护构筑物、抗震设施、管堤、管桥及管道专用涵洞和隧道。

2. 管道站库设施

按照管道站、库位置的不同,分为首站(起点站)、中间站和末站(终点站)。按照所输介质的不同,又可分为输油站和输气站。输油站包括增压站(泵站)、加热站、热泵站、减压站和分输站;输气站包括压气站、调压计量站和分输站等。

3. 附属设施

管道附属工程主要包括管道沿线修建的通信线路工程、供电线路工程和道路工程。此外还有管理机构、维修机构及生活基地等设施。

步骤八:掌握运输管道的分类

1. 按所输送的物品不同分类

常用的运输管道有原油管道、成品油管道、天然气管道和固体料浆管道(前两类常统称为油品管道或输油管道)。

(1) 原油管道。原油一般具有比重大、黏稠和易于凝固等特性。用管道输送时,要针对所输原油的特性,采用不同的输送工艺。原油运输不外乎是自油田将原油输给炼油厂,或输给转运原油的港口或铁路车站。其运输特点是输量大、运距长、收油点和交油点少,所以特别适宜用管道输送。世界上的原油约有 85% 以上是用管道输送的。

(2) 成品油管道。成品油管道输送汽油、煤油、柴油、航空煤油和燃料油,以及从油气中分离出来的液化石油气等成品油。每种成品油在商业上有多种牌号,常采用在同一条管道中按一定顺序输送多种油品的工艺,这种工艺能保证油品的质量和准确地分批运到交油点。成品油管道的任务是将炼油厂生产的大宗成品油输送到各大城镇附近的成品油库,然后用油罐汽车转运给城镇的加油站或用户。有的燃料油则直接用管道输送给大型电厂,或用铁路油槽车外运。成品油管道运输的特点是批量多、交油点多,因此,管道的起点段管径大,输油量大。经多处交油分输以后,输油量减少,管径亦随之变小,从而形成成品油管道多级变径的特点。

(3) 天然气管道。天然气管道是输送天然气和油田伴生气的管道,包括集气管道、输气干线和供配气管道。就长距离运输而言,输气管道是指高压、大口径的输气干线,这种输气管道约占全世界管道总长的一半。

(4) 固体料浆管道。固体料浆管道是20世纪50年代中期发展起来的,到20世纪70年代初已建成能输送大量煤炭料浆的管道,其输送方法是将固体粉碎,掺水制成浆液,再用泵按液体管道输送工艺进行输送。

2. 按用途不同分类

运输管道按用途不同可分为集输管道、输油(气)管道和配油(气)管道三种。

(1) 集输管道。集输管道(或集气管道)是指从油(气)田井口装置经集油(气)站到起点压力站的管道。它主要用于收集从地层中开采出来的未经处理的原油(天然气)。

(2) 输油(气)管道。以输气管道为例,它是指从气源的气体处理厂或起点压气站到各大城市的配气中心、大型用户或储气库的管道,以及气源之间相互连通的管道,输送经过处理符合管道输送质量标准的天然气,是整个输气系统的主体部分。

(3) 配油(气)管道。对于油品管道来说,它是指在炼油厂、油库和用户之间的管道;对于输气管道来说,它是指从城市调压计量站到用户支线的管道,压力低,分支多,管网稠密,管径小,除大量使用钢管外,也可用塑料管或其他材质的管道。

步骤九:掌握油品和燃气管道运输装备

1. 油品管道运输装备

油品管道运输(见图10-41)装备(见表10-6)。

表10-6 油品管道运输装备

主要装备	描述
输油管	输油管分原油管和成品油管两种,它们同时承担油料输送介质的功能
油罐	它设置在首站输油站、末站输油站中,用于对发、收的油品进行存储
泵机组	输油泵和带动它的原动机以及相应的连接装置或变速装置组成泵机组,供给输油所需的压力能,这是泵站的核心装备

续表

主要装备	描述
阀门组	各种阀门的主要功能是对输送路径、压力、流量、平稳性等进行调节和控制
清管器收发装置	清管是指在输油前清除遗留在管内的机械杂质等堆积物,管内壁上的石蜡、油砂等凝聚物,以及盐类的沉积物等,目的是保证输油管能长期在高输量下安全运转
计量装备	计量装备主要由流量计、过滤器、温度及压力测量仪表、标定装置、通向污油系统的排污管等五部分组成。其中,以流量计和标定装置最为关键
加热装置	在输送含蜡多、黏度大、倾点高的原油时,需要通过加热装置进行加热输送

图 10-41 油品管道运输　　图 10-42 天然气管道运输

2. 天然气管道运输装备

天然气管道运输(见图 10-42)装备(见表 10-7)。

表 10-7 天然气管道运输装备

主要装备	描述
输气管	输气管分为矿场输气管、干线输气管和城市输气管三类
压缩机组	压缩机及与之配套的原动机统称为压缩机组。压缩机组是干线输气管道的主要工艺设备,同时也是压气站的核心部分
燃气计量仪表	燃气的数量可以用它的标准体积、质量或能量值(热值)来度量,据此可将燃气计量方法分为体积流量计量、质量流量计量和能量流量计量三种
储气装备	储气装备包括储气罐和地下储气管道(或管束)

步骤十:掌握管道装备维护

1. 管道防腐技术

尽管管道系统具有便于管理、运行安全的特点,但由于其输送管道大多深埋于地下,给日常维护带来一定困难,尤其是管道和储罐的腐蚀,不仅会造成因穿孔而引起的油、气、水跑漏损失与污染，给维修带来材料和人力的浪费，而且还可能引起火灾和爆炸。针对发生腐蚀的原因，通常可采取下列措施：

（1）选用耐蚀材料，如聚氯乙烯管、含钼和含钛的合金钢管等。

（2）在输送或储存介质中加入缓蚀剂抑制内壁腐蚀。

（3）采用内外壁防腐绝缘层，将钢管与腐蚀介质隔离。

（4）采用阴极保护法。

目前，国内外普遍采用的经济可靠的方法是防腐绝缘层加阴极保护的综合措施。

2. 管道清洗技术

管道运输是原油、天然气最主要的运输方式。但因油、气中含有各种盐类、杂质、硫化物、细菌等，管线经长期运行会形成结垢，被腐蚀等影响生产的因素，因此，需对管道进行清洗、修复，输油(气)管道清洗技术也随之而产生。清洗是一门工程技术，是一个新兴的科学技术领域。

输油(气)管道清洗技术是该科学技术领域的一部分，是一项延长管道使用寿命、保证管道正常运行的实用技术。按其清洗目的可分为投产前的清管、运行中的除垢、改输前的清洗。

目前，将管道清洗技术主要分为三大类：物理清洗法、化学清洗法、物理和化学结合清洗法。

（1）物理清洗法。包括高压水射流清洗、机械法清洗、PIG 清洗、喷砂清洗、电子跟踪式清洗、爆炸清洗等方法。

（2）化学清洗法。多用于一般金属管道、不锈钢管道和管道脱脂。化学法清洗管道是向管道内投入含有化学试剂的清洗液，与污垢进行化学反应，然后用水或蒸气吹洗干净。为了防止在化学清洗过程中损坏金属管道的基底材料，可在酸洗液里加入缓蚀剂；为提高管道清洗后的防锈能力，可加入钝化剂或磷化剂，使管道内壁金属表层生成致密晶体，提高防腐性能。

（3）物理和化学结合清洗法。物理清洗和化学清洗这两类方法对工业管道及相关设备的清洗效果各有千秋，然而单独使用哪一种方法都不具备把两者结合起来使用时所具有的优势。从技术上来说，应取长补短，相辅相成；从经济上来说，也应合理选用，兼收并蓄。单独用化学试剂来清洗，会降低管道寿命，提高清洗成本，而且有些污垢难以用化学方法完全处理干净。同样，对长期输送沉积速度较快的输油管线，单纯用清管器清管也难以达到改输后理想的效果。物理清洗与化学清洗多种方法结合使用已成为当今清洗技术发展的一种趋势，现已开发出多种实用的复合清洗技术，可获得最佳的效果。

总之，对管道及设备进行更为有效的清洗，必须对管道现状、清洗要求及相关信息、资料进行综合分析评价，优化组合，这样才能有针对性地筛选出最好的制剂和方法，达到最佳的清洗效果。

应用训练

1. 阐述航空、管道运输的特点。
2. 回忆常见的航空、管道运输设备。

拓展提升

一、航空运输特种规定

(1) 凡对人体、动植物有害的菌种、带菌培养基等微生物制品，非经民航总局特殊批准，不得承运。

(2) 凡经人工制造、提炼，进行无菌处理的疫苗、菌苗、抗菌素、血清等生物制品，如托运人提供无菌、无毒证明，可按普货承运。

(3) 微生物及有害生物制品的仓储、运输应当远离食品。

(4) 植物和植物产品运输须凭托运人所在地县级（含）以上的植物检疫部门出具的有效"植物检疫证书"。

(5) 托运人要求急运的货物，经承运人同意，可以办理急件运输，并按规定收取急件运费。

(6) 骨灰应当装在封闭的塑料袋或其他密封容器内，外加木盒，最外层用布包装起来。

二、管道运输的历史发展

现代管道运输始于19世纪中叶，1865年，美国宾夕法尼亚州建成了第一条原油输送管道，然而它的进一步发展则是从20世纪开始的。随着第二次世界大战后石油工业的发展，管道的建设进入了一个新的阶段，各产油国竞相开始兴建大量石油及油气管道。

20世纪60年代开始，输油管道的发展趋于采用大管径、长距离，并逐渐建成成品油输送的管网系统。同时，开始尝试用管道输送煤浆。全球的管道运输承担着很大比例的能源物资运输，包括原油、成品油、天然气、油田伴生气、煤浆等，其完成的运量常常大大高于人们的想像（如在美国，接近于汽车运输的运量）。

近年来，管道运输也被进一步研究用于解决散状物料、成件货物、集装物料的运输，以及发展容器式管道输送系统。

基础练习

一、判断题

1. 按我国公路工程技术标准规定，根据交通量、使用任务和性质，公路可分为一

级、二级、三级、四级和五级公路五个等级。（ ）

2. 铁路机车按用途划分可以分为客运机车、货运机车和调车机车。调车机车要求速度快，货运机车要求功率大，客运机车要求灵活机动。（ ）

3. 机车是铁路运输的基本动力，是牵引和推送车辆运行的车辆，本身不能装载。（ ）

4. 需要冷藏或加温运输的货物不得按零担运输托运货物。（ ）

5. 集装箱船可分为部分集装箱船、全集装箱船和可变换集装箱船三种。（ ）

6. 航空货运的运输费用较其他运输方式更高，不适合低价值货物的运输。（ ）

7. 管道运输安全可靠，连续性强。由于深埋地下、密闭输送，能够长期连续地稳定运行，油气损耗大，无噪声，对环境的污染小。（ ）

二、单选题

1. 下列编号的国道是东西横向的是（ ）。
   A. 108　　　　B. 201　　　　C. 105　　　　D. 303

2. 下列编号的国道是南北纵向的是（ ）。
   A. 108　　　　B. 201　　　　C. 105　　　　D. 303

3. 一级公路汽车分道行驶且部分控制出入、部分立体交叉，连接重要的政治、经济中心，年平均昼夜交通量一般最多不超过（ ）万辆。
   A. 2.5　　　　B. 3.5　　　　C. 4.5　　　　D. 5.5

4. 高速公路的一般使用年限为（ ）年。
   A. 10　　　　B. 15　　　　C. 20　　　　D. 30

5. 好望角型干散货船的总载重量为（ ）万吨以上。
   A. 8　　　　B. 10　　　　C. 12　　　　D. 15

6. 木材船是专门用以装载木材或原木的船舶。为防甲板上的木材被海浪冲出舱外，在船舷两侧一般设置不低于（ ）m 的舷墙。
   A. 0.5　　　　B. 1.0　　　　C. 1.5　　　　D. 2.0

三、多选题

1. 公路运输的特点包括（ ）。
   A. 机动灵活，适应性强　　　　B. 可实现"门到门"直达运输
   C. 原始投资少，资金周转快　　D. 运量较大，运输成本低

2. 公路从行政分级角度可以分为（ ）。
   A. 国道　　　　B. 省道　　　　C. 市（区）道　　　　D. 县道

3. 铁路货物运输适合运输（ ）。
   A. 大宗低值货物　　　　　　　B. 长距离运输货物

C. 散装货物 D. 罐装货物

4. 铁路货物运输作业根据托运货物的重量、体积、性质、形状分为(　　)。

A. 整车运输 B. 零担运输

C. 集装箱运输 D. 多式联运

5. 不能使用集装箱运输的货物包括(　　)。

A. 易损坏货物 B. 易污染货物

C. 鲜活货物 D. 危险货物

6. 按牵引动力类型划分,铁路机车又可以分为(　　)。

A. 蒸汽机车 B. 内燃机车

C. 电力机车 D. 煤炭机车

四、简答题

1. 公路运输的特点表现在哪些方面?
2. 铁路运输的特点表现在哪些方面?
3. 水路运输的特点表现在哪些方面?
4. 航空运输的特点表现在哪些方面?
5. 管道运输的特点表现在哪些方面?

参考文献

[1] 潘艳君,彭宏春.物流设备操作[M].北京:机械工业出版社,2014.
[2] 于鸿彬.物流设备操作[M].北京:中国财政经济出版社,2015.
[3] 刘敏.物流设施与设备操作[M].北京:电子工业出版社,2014.
[4] 张齐.物流设备操作[M].北京:国家开放大学出版社,2016.
[5] 陈雄寅.物流设备操作[M].北京:高等教育出版社,2014.
[6] 赵智锋.物流设备使用与管理[M].北京:人民邮电出版社,2010.
[7] 蒋祖星,孟初阳.物流设施与设备[M].北京:机械工业出版社,2010.